克隆人技术
立法的宪法界限

孟凡壮 著

上海人民出版社

序 一

2012 年 9 月至 2016 年 7 月,孟凡壮在我的指导下攻读博士学位。其间去美国访学一年,跟随 Daniel A.Farber 教授研习宪法与科技的原理,重点研究克隆人技术与宪法关系问题。回国后继续完成博士论文《克隆人技术立法的宪法界限》,并顺利通过答辩,获得博士学位。

对博士生来说,博士论文选题是非常重要的。从某种意义上来说,选题决定着博士论文的学术水准。作为指导老师,我对学生选题的基本要求是,"新""专"与"术"。"新"指选题要有独创性,尽可能地选择过去学术界没有研究过的题目,开拓新领域,尽量避免研究重复性的题目。"专"指保持专业性,以专业知识与专业精神探讨专业领域的问题,虽提倡跨学科研究,但多种知识融合中仍以专业方法与判断为主。"术"指以基础性、学理性的选题为主,即使以研究对策性问题作为博士论文,也应探寻其思想性、学理性与前瞻性,力求使概念与原理体系化,特别是关注基础理论问题。

孟凡壮入学后,多次与我交流选题问题,他提出要研究最新的前沿问题。在比较几个题目后最终选择以"克隆人技术立法的宪法界限"为研究方向。这个题目是有挑战性的,也有难度。当时国内宪法学界缺乏关注,可参考的研究成果少,相关范畴与原理的体系化也会遇到研究瓶颈。孟凡壮充分考虑到选题的"风险"与难度,表示有信心、有兴趣深入研究这一前沿问题。经过四年多时间的研究,他初步建立了宪法价值与克隆人技术的学理框架与方法论,不仅出色地完成了博士论文,同时发表了若干篇具有一定学术价值的论文。前些日子,欣闻他的博士论文经过修订后即将在上海人民出版社出版,他希望我作一个序,我很高兴把他的第一本学术专著推荐给学界。

克隆人技术是伴随着现代科技的发展而出现的,它不仅给人类生活带来新的课题,也使传统宪法学面临新的挑战。宪法学的历史告诉我们,现代科学技术的每一次重大突破,都会推进宪法知识的推陈出新。科学技术的发展一方面直接影响宪法学研究方法、宪法学研究内容及宪法原则的发展与变化。同时,现代科学技术的发展,为自由、民主、正义与和平等宪法价值的发展提供了动力。但另一方面,现代科技的发展也带来不可忽视的负面效应,严重冲击着宪法自身的体系,破坏通过宪法价值而形成的社会关系。由于现代科学技术的非理性,理应为人权、民主与正义价值服务的某些科技发展成果反过来损害人类的主体性。这就从理论上提出了如何合理地确定宪法与现代科学技术发展之间的界限问题。如果人类只热衷于科学技术带来的便利,而忽视其可能的负面功能,也许人将失去尊严与主体资格。当科技的发展偏离主体的意志与利益时,本应造福人类的科技将损害人类的利益,甚至摧毁人类文明的成果。

作为20世纪末生命科学革命的重要标志之一,克隆人技术的发展给人类生活带来了深刻的影响,尤其是对宪法价值带来了巨大冲击。1997年英国克隆羊多莉(Dolly)诞生的消息一经公布,国际舆论一片哗然。因为克隆羊的出现意味着克隆人在技术上已具有了可能性。这在全球范围内引发了争论:肯定还是禁止克隆人技术。无论是赞成还是反对,学界有一个基本共识,即人类必须回应这一新挑战。

本书的核心命题是,克隆人技术与宪法密切相关,关涉宪法上人的界定,关涉宪法上人的尊严以及后代人基本权利的保护问题。人们对克隆技术的担心是可以理解的,因为克隆人技术会改变宪法上的"人"的基本定义,会侵犯人的主体性、个别性和多样性,从而使克隆出来的"人"失去人的基本尊严。克隆人技术会侵害下一代人的利益,并会导致社会对克隆人的歧视。同时,克隆人技术不成熟,有意制造很可能有缺陷的"人"是对人的生命权的侵犯。有些支持克隆人技术的科学家认为,这种担心与忧虑是多余的,但面对人的尊严与主体性问题,宪法的预防性功能是必要的。科研自由应当接受人的尊严、生命权价值的限制和拘束,不得对社会和人的生命和尊严价值构成伤害。通过立法禁止克隆人技术已经成为国际社会的价值共识。

在一个国家的法律体系中,宪法处于根本法的地位,是国家立法权的来源和根据。在宪法秩序中,经由宪法授予的立法权的义务是尊重和保障公民基本权利,在所有立法中体现宪法精神。克隆人技术的立法属于国家立法权,涉及宪法上人的生命权、人的尊严等重要的宪法价值,对其立法过程和立法内容进行宪法规制尤为重要。本书从立法的宪法功能视角,提出将宪法价值引入克隆人立法的过程,降低风险,通过宪法对克隆人技术立法进行合宪性控制,确保克隆人技术发展尊重生命和人的尊严,在相互冲突的宪法价值中寻求合理的平衡。本书对上述学术命题的回应是具有说服力的。

在论证方式上,本书作者从克隆人技术的发展对宪法价值冲击的分析入手,沿着克隆人技术立法宪法规制的必要性,规制的价值基础、规范基础和实施机制这一思路展开论述,最后探讨各国克隆人技术立法宪法规制面临的挑战与展望,系统地分析了我国克隆人技术立法的宪法规制问题。

在价值与事实、规范与现实的张力中寻求合理平衡是本书始终关注的问题意识。作者力求在技术与价值、现代与未来、文明与宪法等基本问题上,凸显人类的关怀,以价值主义立场检视科技带来的新问题。作者认为,克隆人技术对人的生命价值、人的尊严、社会和家庭秩序构成重大冲击,如何通过宪法为克隆人技术的研究确立界限是无法回避的宪法命题。

为了保持克隆人技术的宪法界限,建立宪法规制体系是必要的,但规制的确立应限定在可控的合理范围内。作者认为,克隆人技术立法的宪法规制的价值基础是贯彻于宪法规制整个过程中的核心价值追求,是宪法规制的出发点和落脚点。从克隆人技术立法涉及的宪法价值之间的关系以及当前国际社会对克隆人技术存在的普遍共识来看,克隆人技术立法宪法规制的价值基础为生命与人的尊严。生命与人的尊严已经从最初的伦理价值逐步转化成为宪法价值,其作为克隆人技术立法宪法规制的价值基础形成了具有内在逻辑融贯性的形式体系与内容体系。作者提出的宪法规制"三阶段论"的实施机制的观点是值得肯定的。主要包括三个层面:第一个层面为克隆人技术相关法的合宪性解释。第二个层面主要是对克隆人技术立法过程的合宪性控制,其目的在于确保克隆人技术在立法方向上能够与生命权和人的尊严这一基础价值相契合,在立法的程序上符合宪法确立的基本的立法原则,为克隆人技术立法的合宪性提供价值指引和程序保障。第三个层面是对克隆人技术立法内容的合宪性审查。

在推进合宪性审查机制的今天,探讨克隆人立法的合宪性审查具有重要的现实意义。目前合宪性审查的理论与实践问题成为学界讨论的重要话题。在中国宪法学话语体系下,如何把握克隆人技术与宪法价值的关系是值得关注的学术与实践命题。在我看来,任何理论命题的研究,都要回到本土,解决好本国面临的理论难题。在分析克隆人技术与宪法的基本原理的基础上,作者研究了我国克隆人技术立法的宪法规制问题。作者认为,当前我国克隆人技术立法的规制模式是以功利主义为价值导向的,强调克隆人技术对国民健康和医疗进步的功利价值,进而形成以部门规章为规范基础的宽松型行政法规制模式。这一规制模式预设权利从属于集体目标,在规制程序设计和违法惩治方式上倾向于给予这一领域的研究自由,忽视对克隆胚胎和克隆人生命与尊严的制度保障,导致在法规范体系内部对侵害生命与尊严的行为在评价上产生矛盾,有违国家尊重和保障人权的宪法精神。在未来的发展上,作者认为我国克隆人技术立法规制应当从"功利主义"转向"权利保障",确立生命与尊严的价值基础地位,在对相互冲突的价值进行适度平衡的基础上,建构以全国人大或全国人大常委会制定的法律为规范基础的、刑法与行政法规制相结合的法律规制体系。

当然,作为探讨前沿问题的著作,本书也有可商榷的观点和需要进一步论证的问题。例如,对克隆人技术宪法规制与克隆人技术立法宪法规制的关系需要进一步厘清;对如何协调克隆人技术立法涉及的基本权利冲突问题缺乏充分论证;对克隆人技术发展与宪法价值演变的关系缺乏体系化研究,等等。另外,在国际社会共识与宪法文化多样性之间的平衡也是值得深入研究的问题。希望作者今后在本书再版时修改完善。我相信,本书的出版对克隆人技术相关宪法问题的深入研究及其理论的体系化,将会产生积极的影响。

中国人民大学法学院教授

中国宪法学研究会会长

韩大元

2018 年 10 月 9 日

序 二

  2009 年 9 月孟凡壮考入苏州大学王健法学院,由我指导他攻读宪法学与行政法学硕士学位。我指导研究生有一个习惯,与新入学的研究生第一次见面时,要求他(她)们提交一份详细的个人简介,内容除介绍个人的基本情况之外,还要求写明自己的人生目标、职业打算、三年安排和学术兴趣等。孟凡壮于 2009 年 9 月 12 日提交的个人简介,我至今还保留着,那时他在其中就表达了"在老师的指导下准备考博"的愿望。当时,我对凡壮讲,立志考博,首先就要打好基础。我要求他旁听苏大王健法学院各学科最好的老师开设的本科生和研究生课程,他做到了,不但认真听课,还积极主动虚心地向各位老师请教问题,给许多老师留下了深刻的印象! 2012 年 9 月,孟凡壮顺利考入中国人民大学法学院攻读博士学位。

  孟凡壮在苏州大学学习期间,当时我主要研究生命权问题,孟凡壮对生命权的有关问题产生浓厚兴趣,硕士生期间在《云南大学学报(法学版)》上独立发表了学术论文《立法禁止克隆人的合宪性之争》,并最终以《立法禁止克隆人的合宪性分析》为毕业论文,顺利通过答辩,获得硕士学位。2012 年他考入中国人民大学后,师从韩大元教授继续从事克隆人技术与宪法关系的相关研究。前些日子,喜闻孟凡壮的博士学位论文《克隆人技术立法的宪法界限》将要出版,邀请我写几句话,我感到非常高兴!

  众所周知,生命是我们人类从事一切活动的基础和前提。没有生命,就没有一切,再也没有比人的生命更宝贵的东西了。生命权是天下第一权,它是其他一切权利的本源,是所有人权的基础。随着现代科技的发展,以克隆人技术为代表的生命科技对宪法上的生命价值带来巨大冲击,需要积极予以立法应对。同时,克隆人技术立法本身也存在宪法界限,又需要在冲突的宪法价值中寻求平衡。基于这一核心命题,本书先后研讨以下主要问题。

第一,克隆人技术发展对宪法价值的冲击。主要探讨了克隆人的相关概念、克隆人技术的发展状况及其运用前景,指出克隆人技术对于宪法上的生命和人的尊严等宪法价值带来了冲击,宪法对此需要积极应对。

第二,克隆人技术立法宪法规制的必要性。首先分析了法律规制和宪法规制的关系,梳理了当前世界各国对于克隆人技术的立法规制现状,并指出当前克隆人技术立法的合宪性在学界遭受质疑,在实践中克隆人技术立法出现了违宪问题。本著作认为,通过宪法对克隆人技术立法进行规制,不仅有助于对克隆人技术立法进行合宪性控制,还有助于通过宪法对多元社会价值观进行整合,而且克隆人技术立法的宪法规制还具有系统性、开放性、包容性和多元性的特点。

第三,克隆人技术立法宪法规制的价值基础。本书详细论证了生命与人的尊严在克隆人技术立法宪法规制中的价值基础地位,归纳了生命与人的尊严在宪法规制中的形式体系、内容体系以及其面临的内在冲击与外在冲击,并强调在自由主义和功利主义价值对于克隆人技术立法的冲击背景下,应当在坚守生命和人的尊严的基础价值的前提下,在相互冲突的宪法价值中寻求合理的平衡。

第四,克隆人技术立法宪法规制的规范基础。本书以宪法规制与宪法文本的关系为切入点,认为宪法文本是宪法规制的依据,而宪法规制是对宪法文本的贯彻。随后,作者分析了宪法对克隆人技术立法方向、立法程序与立法内容进行规制涉及的基本权利等相关宪法条款。

第五,克隆人技术立法宪法规制的实施机制。作者首先探讨了克隆人技术相关法的合宪性解释问题,指出在克隆人技术立法滞后的情况下,可以通过对胚胎等克隆人技术相关法进行合宪性解释的方式实现对克隆人技术的规制。而后,探讨了克隆人技术立法过程的合宪性控制问题,认为在克隆人技术立法方向上应当发挥生命与人的尊严的价值指引作用,在立法程序上应当保障民主参与原则的落实和贯彻。最后,探讨了克隆人技术立法的合宪性审查问题,对合宪性审查的启动、合宪性审查的考量因素以及合宪性审查的法律解释方法进行了分析,并以加拿大克隆人技术立法的合宪性审查为例,分析了比例原则在合宪性审查中的运用。

第六,克隆人技术立法宪法规制的挑战与展望。作者分析了克隆人技术的发展趋势,认为宪法对此应当认真对待,积极应对。当前各国克隆人技术立法的宪法规制面临诸多挑战,包括宪法规制的价值共识难以达成、宪法规制的理念和制度基础比较薄弱、宪法规制的权威和效力面临冲击等。对此,作者指出,应当继续坚持巩固生命与人的尊严的价值,坚持宪法文本的规范基础地位,并可考虑通过国际法律共同体建构世界秩序,从而迈向克隆人技术立法宪法规制的全球一体化。

第七,我国克隆人技术立法的宪法规制。本著作重点分析了我国克隆人技术立法面临的困境特别是合宪性危机。作者指出,我国克隆人技术立法规制秉持"功利主义"逻辑,强调克隆人技术对国民健康和医疗进步的功利价值,形成以部门规章为规范基础的宽松型行政法规制模式。而且,我国克隆人技术的法律规制应当在理念层面汲取德国严格规制模式的价值内核,确立生命和人的尊严的价值优先地位,在具体的制度设计方面应参照英国等国家的立法经验,在宪法的指导下尽快完善克隆人技术的法律规制体系。

克隆是新鲜事物,克隆人问题是学术前沿问题,研究难度较大。应该说,本书对克隆人技术立法的宪法界限这一宪法学新问题的研究是深入的,是成功的。本书应该是国内第一部专门研究克隆人的宪法学著作,可喜可贺!当然,本书对有些问题可能需要进一步论证,比如先法保护的人的生命的起点如何界定;如果克隆孩子诞生之后应否及如何予以宪法保护;克隆人技术涉及的宪法价值冲突究竟应当如何协调,等等,这些问题都值得深入研究。希望作者在本书再版时能够加以解决,并希望凡壮在克隆人方面的研究取得更多更大的成绩!

　　我从 2005 年开始指导硕士研究生,至今已经指导的研究生近百人,孟凡壮是我所指导的硕士研究生中第一个考取博士的。他能够考入名校深造,跟随名师学习,而且在中国人民大学法学院读博期间,与导师韩大元教授一起在《中国社会科学》上发表大作,并在毕业后顺利到华东师范大学法学院担任大学老师,现在又出版著作,我作为他的硕士生导师感到非常高兴和自豪!凡壮为人忠厚老实、助人为乐,做事认真负责,勤奋好学并勇于探索,我相信他将来在学术上一定能够取得更大的进步并能为宪法中国的建设做出更多的贡献!

苏州大学王健法学院教授

上官丕亮

2018 年 10 月 14 日

第三章

克隆人技术立法宪法规制的价值基础

第六章

克隆人技术立法宪法规制的挑战与展望

第七章

我国克隆人技术立法的宪法规制

引　论

一、研究目的

在生物科学上,克隆人技术包括生殖性克隆技术和治疗性克隆技术。克隆人技术的实施过程,涉及对人类基因的复制和胚胎生命的损毁,在学界产生了极大的争议。尤其是克隆羊多莉诞生以后,克隆人技术已经具有了现实可能性,国际社会和各国相继通过立法对克隆人技术予以禁止。通过立法对克隆人技术进行规制的过程中,学界围绕是否应当禁止克隆人技术,应当如何立法规制克隆人技术等问题进行了持久的探讨。

克隆人技术立法问题不仅仅是一个法学问题,还涉及生物、医学与伦理等多个学科。各学科对克隆人技术立法问题的讨论,有助于我们从不同视角审视这一技术及其立法规制的方法,为妥当应对和处理这一现代生命技术带来的问题提供智识上的支持。从法学视角,尤其是从宪法学视角对克隆人技术的立法规制进行分析和探讨具有必要性,因为克隆人技术对丁宪法保护的生命权与人的尊严等宪法价值带来了巨大的冲击和威胁。生殖性克隆对宪法上"人"的概念带来了冲击。根据传统的宪法理论,宪法上的"人"是建立在男女结合的有性生殖的生物学基础之上的。即使随着人工辅助生殖技术的发展,"人"的产生方式发生了变化,但基于传统的有性生殖这一点是没有变化的,孩子在基因构造上,都是男女精卵结合的产物,并由此确保了孩子基因结构上的偶发性、独特性与开放性。生殖性克隆过程不需要男女精卵结合,而是复制一方的基因,这完全改变了宪法上"人"的概念的生物学基础,对人的主体性价值带来了根本性冲击。治疗性克隆中需要克隆人类的胚胎,从胚胎中提取干细胞用于研究,而提取胚胎干细胞的过程会不可避免地造成胚胎的损毁,这对宪法保护的胚胎的生命构成致命威胁。可见,立法对于克隆人技术的规制直接涉及重要宪法价值的保护,立法规制的方向和基本方法要符合宪法上保护生命与人的尊严的基本要求,立法程序和内容要接受宪法规范和原则的检验。

　　克隆人技术的立法伴随着基本权利的冲突,对其进行宪法规制有助于协调立法过程中的基本权利冲突。克隆人技术可以被不孕不育的夫妇用于产生与其基因相关的孩子,克隆人技术的研究过程本身是一项科学研究的过程,其成果可以用于治疗人类面临的诸多疾病,从这一角度分析,克隆人技术在宪法上的生育权和科学研究自由的保护范围。立法上禁止克隆人技术涉及对生育权和科学研究自由的限制。一方面,宪法要保护人的生命和尊严,要求立法禁止侵犯人的生命与尊严的克隆人技术;另一方面,宪法也需要考量生育权、科研自由等其他宪法价值。克隆人技术立法的宪法规制必然伴随着上述宪法价值的冲突。如何在克隆技术发展中保障人的主体性地位的同时,妥善协调上述基本权利的冲突便显得尤为必要。

　　从宪法视角规制克隆人技术的立法不仅能够协调立法过程中宪法价值之间的冲突,还能够起到对不同群体社会价值观的整合作用。在克隆人技术立法规制的方向和内容方面,宗教信徒、科研工作者、伦理学家、法学家和普通民众等不同群体之间存在不同的观点,即使同一群体之间也存在诸多差异,难以在克隆技术立法过程中形成价值共识。即使通过民主立法程序对克隆人技术进行规制,也难以消解这一价值观念上的冲突。通过宪法对克隆人技术立法进行规制,在不同的价值观之间进行协调和整合,确立符合宪法的克隆人技术立法的价值基础和理念,有助于通过宪法凝聚社会共识。

　　克隆羊多莉诞生以来,多数国家对于克隆人技术的立法规制建构在保护人的生命与尊严的宪法价值基础之上。但这一基础面临着重要挑战,一方面人的生命的起点并没有达成基本共识;另一方面,人的尊严具有抽象性和模糊性。克隆人技术立法的宪法价值基础面临着自由主义和功利主义的双重挑战。理论上回应对生命与人的尊严价值的上述挑战,具有重要的意义。此外,在克隆人技术的立法过程中忽视生命和人的尊严,立法主体、立法程序、立法内容违背宪法文本和宪法原则的现象时有发生,从宪法上规制克隆人技术立法,有助于从生命和人的尊严价值上引导克隆人技术的立法,确保克隆人技术的立法程序符合宪法的基本原则,立法内容能够妥当地协调宪法价值之间的冲突。因此,本研究还具有一定的实践价值。

在一个国家的法律体系中,宪法处于根本法的地位,是国家立法权的来源和根据。在宪法为最高法的法律秩序中,经由宪法授予的立法权具有尊重和保障公民基本权利,贯彻宪法规定和宪法精神的职责和义务。克隆人技术的立法涉及宪法上人的生命权、人的尊严等重要的宪法价值,是国家立法的重要组成部分,对其立法过程和立法内容进行宪法规制尤为重要。通过宪法对克隆人技术相关立法进行合宪性控制,确保克隆人技术立法贯彻国家尊重和保障人的生命与尊严的宪法价值,并在相互冲突的宪法价值中寻求合理的平衡,是本书研究的目的,也是核心命题。

二、国内外研究现状

在我国,对于克隆人技术应否予以禁止的系统讨论是从生命伦理学视角展开的。比较有代表性的文章是甘绍平教授的《克隆人:不可逾越的伦理禁区》一文[1],该文认为克隆人技术面临不可逾越的伦理难关,因为克隆技术对克隆人的唯一性和独特性价值带来巨大冲击,对克隆人的生存价值、在道德上的自主性带来限制,甚至否定。基于这一理由,作者认为应当禁止克隆人。邱仁宗教授发表了《人的克隆:支持和反对的论证》,[2]归纳了支持和反对生殖性克隆及治疗性克隆的各种伦

---

[1] 甘绍平:《克隆人:不可逾越的伦理禁区》,载《中国社会科学》2003年第4期。

[2] 邱仁宗:《人的克隆:支持和反对的论证》,载《华中科技大学学报(社会科学版)》2005年第3期。

理依据,认为治疗性克隆的支持依据主要在于治疗疾病的潜力,生殖性克隆的反对依据主要在于人的尊严和不伤害原则。

姚大志教授的《人类有权利克隆自己吗》①一文对道德上反对克隆人的三个主要理由进行了反驳,针对反对克隆人的第一个理由,即"人是神圣的,人拥有尊严,而克隆人类破坏了人的神圣性和尊严",作者从生物进化论角度审视人类的生命,认为人类生命在自然历史演化中并不是神圣的。针对反对克隆人的第二个理由,即"克隆人的人格健康问题",作者认为对于克隆人的人格成长而言,社会学上的父母相对于生物学上的父母更为重要,克隆人也有父母,而且其父母都是"自然的"。针对反对克隆人的第三个理由,即"科学家试图以'非自然'的方式创造出人,这无异于向上帝挑战",作者指出宗教理由在理论上最为薄弱,因为人们是否接受它取决于其对宗教的态度。在对上述观点进行反驳后,作者提出了支持生殖性克隆的理由,认为一方面应当重视试图克隆人类的科学家的主张,另一方面更要重视那些天生就没有生育能力的人,这些人强烈希望拥有自己的孩子。后者对于生殖性克隆的需求往往被忽视了。作者认为这一被忽视的群体对于克隆人技术的诉求是支持克隆人的最强有力的道德理由。

针对姚大志教授的上述观点,陆树程教授发文②从马克思主义唯物论的视角进行了反驳,作者指出人类的本质是社会生物,因此人类不能违背自然规律和社会规律,并应当遵循社会法律和伦理道德规范。不能基于人可以克隆其他物种,就认为人可以克隆人,这有悖于人类的伦理精神。作者认为治疗性克隆能够推动医学发展,提高人类的生命质量,可以被允许;但生殖性克隆在伦理上难以获得有利辩护,不应当被允许。针对姚大志教授主张的生育平等的观点,作者反驳指出,包括生育权在内的权利的平等是相对的,平等是受历史条件限制的。生殖性克隆有可能被滥用为谋取个人私利的工具,也会破坏人的族类进化、

---

① 姚大志:《人类有权利克隆自己吗》,载《哲学研究》2003 年第 1 期。
② 陆树程:《克隆技术的发展与现代生命伦理——兼与姚大志先生商榷》,载《哲学研究》2004 年第 4 期。

人类基因的复制与重组应遵循的"优胜劣汰"自然法则。作者指出,也许克隆人在未来可能会像"试管婴儿"一样被社会所接受,但那是与特定的社会发展阶段相适应的。

我国宪法学界对克隆人技术的关注晚于伦理学界。最早从宪法学角度探讨克隆人技术相关命题的学者是韩大元教授。2004 年韩大元教授与王贵松副教授撰文①从生命权和人的尊严视角探讨了克隆人技术,认为克隆人改变了"人"的基本定义,使"人"失去了人的尊严;克隆人技术不成熟,有意制造很可能有缺陷的"人"是对人的生命权的侵犯,因此,应当立法禁止克隆人。文章提到克隆人技术立法规制涉及对公民科研自由的限制,应当通过议会制定法律的方式进行。同年,韩大元教授在《中国宪法学应当关注生命权问题的研究》一文②中从生命权的宪法价值出发探讨了克隆人技术的相关问题,认为克隆人技术侵犯人的尊严,同时对宪法秩序与社会伦理也构成损害。在这两篇文章中,韩大元教授从现代科技对人的生命权和人的尊严的冲击的角度,探讨了克隆人技术的立法问题,由于文章探讨的核心命题并非集中于克隆人技术的立法与宪法关系问题,相关论证并未详细展开。

韩大元教授对于克隆人技术宪法问题的集中探讨体现于其 2008 年的《论克隆人技术的宪法界限》③一文中,该文详细论证了克隆人技术侵犯了人的尊严,文章从社会共同的价值体系分析指出,克隆人技术会使得克隆人沦为客体和手段,会导致克隆人的主体性价值的贬损。克隆人技术也可能导致克隆人成为生产流水线上的可复制性产品,这涉嫌侵害人的多样性、神圣性和独特性价值。并且,克隆人技术会改变"人"的定义,使得"人"成为一种手段,其宪法上的地位也具有不确定性,克隆人技术会损害人类本身的价值。最后,文章指出立法禁止克隆

---

① 韩大元、王贵松:《谈现代科技的发展与宪法(学)的关系》,载《法学论坛》2004年第 1 期。

② 韩大元:《中国宪法学应当关注生命权问题的研究》,载《深圳大学学报(人文社会科学版)》2004 年第 1 期。

③ 韩大元:《论克隆人技术的宪法界限》,载《学习与探索》2008 年第 2 期。

人技术已经成为国际社会的价值共识。从保护后代人的基本权利、克隆人的平等权、克隆人的生命权价值出发,克隆人技术会侵害下一代人的利益,会导致对克隆人的歧视,侵害克隆人的生命权。文章指出,科研自由应当接受人的尊严、生命权价值的限制和拘束,不得对社会和人的生命尊严价值构成伤害。克隆人研究与人的尊严、后代的基本权利、生命权等均有抵触,故而应予以禁止。

张宇飞博士发文①分析指出,从人的主体性理论和独特性理论论证克隆人技术侵犯人的尊严在方法论上面临困境,作者认为应当进行后果考量,采用结果取向的方法预测并描述克隆人可能带来的后果。该文为从人的尊严角度审视克隆人技术应否立法禁止的问题提供了一种较为新颖的解释思路。

宪法学界对于克隆人技术与科研自由、平等权的关系也给予了一定程度的关注。陈斯彬博士在《克隆技术的宪政视角》②一文中从科学研究自由宪法界限的角度探讨了禁止克隆人的宪法正当性。该文认为我国宪法上的科学研究自由存在自身的界限,而克隆人侵犯人的生命和人的尊严价值,可能带来新的不平等、甚至奴役现象。作者认为在克隆人技术的立法过程中应当严格区分治疗性克隆与生殖性克隆,前者可用于治疗疾病,有助于实现宪法价值,应当予以允许,而后者只能产生破坏和颠覆法律价值和法律秩序的结果,超越了宪法上科研自由的界限,应当予以禁止。

宪法学界对于克隆人技术立法的合宪性问题也有探讨。笔者尝试梳理了克隆人技术立法的相关宪法争议,③认为生殖性克隆严重侵犯宪法所保障的生命权和人的尊严,建议全国人大及其常委会尽快立法禁止生殖性克隆,并对违法行为处以刑事处罚。上官丕亮教授和笔者

---

① 张宇飞:《人性尊严的宪法解释方法及其问题——以克隆人宪法争议为例》,载《法学论坛》2009 年第 4 期。

② 陈斯彬:《克隆技术的宪政视角》,载《华侨大学学报(哲学社会科学版)》2006 年第 1 期。

③ 孟凡壮:《立法禁止克隆人的合宪性之争》,载《云南大学学报(法学版)》2011 年第 5 期。

合撰的《克隆人立法的宪法规制》①一文中,对我国克隆人技术立法的合宪性问题进行了分析,认为我国克隆人的相关立法存在合宪性问题,建议全国人大根据相关宪法原则的基本要求制定《克隆技术管理法》。笔者在《立法禁止克隆人的宪法争议——以中、美两国为中心的比较考察》一文②中,对我国宪法学界和美国宪法学界有关克隆人技术立法相关的宪法争议,尤其是立法涉及的人的尊严、科学研究自由、生育权和平等权等基本权利的相关争议进行了系统梳理,并进行了比较分析。

总体而言,中国宪法学界对于克隆人技术立法宪法规制的研究尚处于初级阶段。相比较而言,国外对于克隆人涉及的相关宪法问题的研究起步较早,研究更加全面和深入。国外学界很早就出现了诸多从宪法学角度探讨克隆人技术的文章。

早在1974年,学者弗朗西斯·C.比萨(Pizzulli, Francis C.)就在《无性繁殖和基因工程:克隆技术的宪法评估》③一文中详细分析了正当程序原则与禁止克隆人的关系,认为完全禁止无性生殖在宪法上是可行的。尽管立法禁止克隆人可能涉嫌侵犯隐私权和生育自我决定权,但是可以从保护家庭和关于个体的神圣性的观念中获得正当性。对于自己或他人,具有被提前决定的基因身份,其隐私与自主可能会被严重削减。克隆技术可能会通过侵蚀个性的概念而扩大对社会的影响,而个性概念是隐私与自主观念的核心。司法对于相关立法的审查应该区分纯粹宗教道德理由与保护个人身份的规范视角,后者是基于美国宪法第十三修正案和第十四修正案保护的个人隐私与个人自治。作者指出,如果不是基于宗教的基本原理而是基于"确保人类身份的规范性的正当世俗目的",根据第十三修正案和第十四修正案的人的隐私和自主价值而禁止克隆人是合宪的。禁止克隆人的基本原理在于某些

---

① 上官丕亮、孟凡壮:《克隆人立法的宪法规制》,载《北方法学》2013年第3期。

② 孟凡壮:《立法禁止克隆人的宪法争议——以中、美两国为中心的比较考察》,载《人权研究》2014年辑。

③ Francis C. Pizzulli, Note, Asexual Reproduction and Genetic Engineering: A Constitutional Assessment of the Technology of Cloning, 47 S.CAL.L.REV. 476, 1974.

人不应存在,或者是由于他们拥有不可剥夺的不存在的权利,或者由于他们的存在会侵蚀重要的社会价值。基于"不出生的权利"的概念也支持立法禁止克隆人,可以通过缺陷生命之诉的侵权补偿加以规制,因为这一技术侵犯了个体尊严。法律上探讨克隆人是不是被克隆人的财产;克隆人与被克隆人是不是同一个人;或克隆人是不是器官的来源,都表明克隆人的自主性很容易被忽视。在此种意义上讲,克隆最应被类比为乱伦。可以主张的是,禁止乱伦与禁止克隆一样会威胁到生育隐私与自由,其带来的可预测性侵害是相同的。同时,作者指出禁止克隆人技术也涉及运用生育技术过程中的歧视问题,涉及生育权的平等保护。对此,禁止克隆人技术可以从国家保护基因多样性和有害基因扩散的角度寻求正当性。可见,较早对克隆人技术立法进行宪法学分析的视角主要集中于生育权、人的尊严与克隆人技术立法的关系问题。后来学界对这一问题的讨论也主要围绕这一主题。

1998年《哈佛法律评论》发表的《克隆人与实质正当法律程序》一文[1]中,对于克隆人技术与美国宪法上的实质正当法律程序原则的关系进行了分析。文章指出,生殖性克隆作为一项生育技术,在美国宪法第五修正案和第十四修正案正当程序条款的保护范围中,政府禁止生殖性克隆需要接受严格审查。禁止生殖性克隆的预测性利益难以为永久性禁止生殖性克隆提供正当性基础。文章指出,美国宪法第五修正案和第十四修正案正当程序条款中蕴涵的自由利益涉及克隆人技术,这些条款宣称:未经法律程序,任何人不得被剥夺生命、自由和财产。法院通过解释确认保护人权法案和其他形式的自由都在正当程序保护的范围之中。如果法院决定实质正当程序条款保护的权利包括克隆人在内的生育权,那么对于克隆人技术的不合理负担就应当接受严格审查。禁止克隆人的立法只有在基于迫切的政府利益并且只在服务于这一迫切利益的范围内才具有合宪性。通过法院判例已经确认生育权在

---

[1] Note, Human Cloning and Substantive Due Process, Harvard Law Review, June, 1998.

宪法的保护范围之内,但是对于特殊生育行为的保护不必然推出包括所有的生育方式,而是需要权衡特定生育技术内在自由利益,克隆技术也是如此。个人在婚姻和家庭方面的自由选择权很早就被美国法院纳入第十四修正案自由权的保护范围。当然,美国宪法并未确认所有在家庭方面的选择免于干预。正当程序保护那些关系到个人在生活中的尊严和自由的核心选择。家庭相关的选择权包括婚姻、生活安排和是否生育,这些选择是国家不能干预的权利。文章认为,克隆人显然在实质正当程序保障的家庭自由的宪法保护范围。通过克隆人技术生育孩子不仅仅关系到家庭的范围和本质,并且会深刻改变个人的身份和生活方式。细胞核置换是一种新的生育方式,克隆人应当受宪法保护是因为其代表了一种想将一个孩子带到这个世界的意识选择,并接受父母的社会角色,是一种非常私人、与家庭相关的选择,在实质正当程序的保护范围。同时,文章指出,克隆人在寻求宪法保护上与其他自然生育方式相比可能相对较弱,比如身体完整性和亲密关联性。以堕胎权为例,其代表了在身体完整性方面的重要利益,免于政府干预的亲密关系和性行为方面的重要自由利益也能支持对生育行为的保护。但是相比而言,生殖性克隆在这方面不具有相同的自由利益。美国的州对于医药程序(包括细胞核置换)的限制没有侵犯身体的完整性。克隆人不仅与"神圣的夫妻卧室领域"相分离,也将生育转变为一种单独行为,至少在基因领域。但有的案例中,美国法院仅仅基于个人在婚姻和家庭事务上的自由选择权就认定某项限制违宪。对于生殖性克隆,更多的可能是,法院会认为其不属于传统家庭自由的范围。但是自由的重要原则在于国家不能将关于家庭的构成模式强加于公民。法院不能仅仅基于推定的家庭方面在基因上的非常规性而忽视宪法保护的家庭相关的选择权。尽管是新的方式,但是克隆人至少能够确保父母与孩子在基因上的关联,这是父母社会地位的重要组成部分。在关于个人、家庭选择相关的重要利益方面,克隆后代与其他孩子是一样的。在自由主张的历史基础方面,文章指出,美国法院可能会基于克隆技术并不在"国家历史、法律传统和实践"之中这一理由,认为其不受实质正当程序的保护。但是基于历史传统并不是实质正当程序保护的必要组成部分,美国法院可能会审视法律对于其他生育技术的基本态度。也许对于辅助生殖技术的传统态度会支持这一自由主张。很多立法者对于新的辅助生殖技术持赞成态度,在美国并没有州禁止试管婴儿。

此外,文章还对克隆人技术立法涉及的州利益进行了分析。文章指出,禁止或规制克隆人技术可能涉及的州利益包括阻止对克隆孩子的人身与心理伤害,保护当前的家庭结构和利益,阻止克隆人技术的滥用。在阻止对克隆孩子人身与心理伤害方面,文章认为州试图保护一个未出生的孩子的利益时,其涉及的健康和安全利益是复杂的。在堕胎的背景下,州保护潜在的生命利益只有在孩子处于存活阶段(fetal viability)才成为“重大利益”,因此,州难以基于保护潜在生命而禁止克隆人。当潜在生命在生物学和医学上依赖于母亲的时候,美国宪法禁止州选择逾越母亲的自由而保护胎儿利益。由此存活力与胎儿的发展与州阻止有缺陷的孩子的诞生没有逻辑关系。州尽管具有阻止疾病和畸形的“重大利益”,但是这一利益并不是绝对的。任何限制必须根据州的利益进行严格限缩,州必须将限制建构于科学证据上的合理解释。政府对于克隆人的规制也应当根据克隆人技术的安全性提升而逐渐限缩。而美国国家生物伦理咨询委员会(National Bioethics Advisory Commission)建议对于克隆人禁止的立法应当包括“落日条款”(Sunset Clause)以确保国会在三至五年以后重新审视这一问题。在心理伤害方面,文章指出当前宣称的对于克隆人的心理伤害是预测性的。相同的双胞胎在基因上是相同的,但是并没有遭受到尊严与个人身份的丧失。并且,宣称州保护未出生的孩子的心理健康存在理论上的问题。因为对于未出生的人来说,没有证据证明伤害的存在。对于禁止克隆人保护当前的家庭结构和利益方面,这一利益不是重大而迫切的(compelling)利益,州在涉及出生后的孩子家庭关系方面的合法利益并没有暗含为维护当前家庭结构而阻止生育的迫切而重大的利益。在克隆人技术被滥用的可能性方面,文章分析指出,在秘密克隆的问题上,有的人可能通过克隆人技术让不愿意参与的人参与克隆,这就存在

DNA 的盗窃和强制生育问题,州对此应当予以保护。但禁止克隆人不是保护上述利益的最小限制方法。存在保护上述利益的更小的限制方式,比如州可以采取措施保证 DNA 捐赠者的同意,或要求捐赠细胞的过程中有医生在场。对于克隆人的另一种批评在于,州对于阻止一个可能被当做“物”的孩子的诞生上存在利益。这种危险不可能为政府限制生育自由提供正当基础。医学伦理,而不是法律应当被用于规制人工辅助生殖技术可能的滥用,克隆人技术也是如此。

文章最后指出,克隆人技术会对生命、家庭的基本观念和人类的延续构成巨大冲击。像其他新的医疗程序一样,人的克隆可能面临各种政府规制以确保技术的安全、保护未来孩子和他人利益。但是司法应当确保这一早期的公众恐慌不会致使国家立法者忽视基本的自由利益。生育技术的短暂历史表明,公众最初对于克隆人的反对最终会让步于对不孕不育这一悲剧的深层次的社会同情。

在克隆人技术立法与人的尊严的关系问题上,相关研究进一步深化。1997 年波士顿大学的乔治·安纳斯(George J. Annas)教授就在《克隆人:美国应当立法禁止吗? 是的,这是人的尊严的要求》一文①中指出,克隆人应当被禁止,因为其运用单一基因“生产”人类,这根本上改变了我们对自己的定义。这一“生产”人类的方式侵蚀了“人”的尊严和个体性,让我们将孩子视为商品。1998 年学者乔治·赖特(R. George Wright)教授发表了《再思考:克隆人如何提升尊严》一文,②对基于维护人的尊严而立法禁止克隆人的正当性提出了有力挑战。作者指出,人的尊严要求人应当被视为一种独特的、相互不同的独立个体,而克隆人只是在非常有限的方面侵犯个体性与其独立身份。即使克隆能够产生两个基因相同的个体,但如果考虑后天的生活环境,生物个体成长不是完全由基因决定的,具有相同基因的人可能行事(个性)迥异,

---

① George J. Annas, Human Cloning: Should The United States Legislate Against It? Yes: Individual Dignity Demands Nothing Less, 83 ABA J. 80, 1997.

② R. George Wright, Second thoughts: How human cloning can promote human dignity, 35 Val. U. L. Rev. 1., 2000.

不同基因的人在某方面反而可能行事相同。并且,独特性自身并不能决定尊严,双胞胎成长于相同的子宫和近似的环境,但是没有人认为双胞胎严重危害人的尊严。从夫妻生育的角度,克隆人与被克隆人的年龄差距很大,也极为不同。文章还从后果考量方面审视克隆人是否侵犯人的尊严问题。针对学界提出的克隆人可能带来令人恐惧的畸形;可能被完全用来作为器官的储存器;可能被用来生产温顺的、发育不良的劳动力;可能成千上万都一样,远离家庭与人类的怜悯而成长;可能被奴役,等等。作者指出,这些潜在的滥用可能性并不能完成道德上反对克隆人的整体论证。从类推的视角来看,多数民主甚至立宪主义的机构本身也能够直接侵害人的尊严。针对克隆人涉及的平等权问题,学界有观点认为克隆人技术带来的不平等的实践能够侵蚀人的尊严,因为克隆人在技术上可能价格昂贵,穷人难以负担。作者认为,没有理由证明克隆人会强化社会层级的不平等。富人可能会在克隆上花钱更多,强化自己的后代,但克隆不会带来阶层固化。针对康德的人的尊严理论能否被用于证明克隆人侵犯了人的尊严的问题,作者指出,没有任何意向表明康德认为正常的成年克隆人会缺少最低限度的品质:道德选择、自由、一致性、独立性,这些品质共同构成了一定程度的自主性,足以让克隆人拥有尊严。最后作者分析指出,克隆人说明了我们控制人类生活的能力范围的扩大,克隆人的神秘性构成并表达了其作为"人"的尊严。通过克隆人,在意识、知觉、自由意志、道德和理性、自治的神秘领域中,"人"的尊严仍然存在并且完好,尽管肉体、长相、基因的独特性与个体性可能受决定性的基因组所拘束。自我意识的神秘性和康德的理性自治,是人的尊严的最深刻的形式。人的克隆说明我们操纵人类基因组的能力。克隆人的尊严不会受损,因为其不损及人的尊严的基础要件,如最低限度的理性自主。实际上,克隆人技术会明晰人的尊严和提升尊严意识。正如酷热能够净化金属,克隆人可以澄清哪些是人的尊严的本质,哪些(如遗传的统一性)不是。克隆人的滥用应当通过立法、习惯与道德进行综合规制,但人的尊严在完全神秘价值的意义上未被表面的滥用所触及。

德国对于克隆胚胎生命与宪法上人的尊严的关系进行了深入研究。比如 2002 年学者克理斯提安·史塔克(Christian Starck)在《人类胚胎是人不是物》①一文中指出德国基本法第 1 条规定:"人的尊严不可侵犯。尊重和保护人的尊严是所有国家权力的义务。"基本法第 1 条中"人的尊严不可侵犯",这并不是一个事实陈述,而是在宪法文本的开始表达的一种强有力的宪法保障,是整个法律秩序的基础规范。人的尊严条款的规范性在该款第二句更加明确地得以彰显,其要求所有的国家权力"尊重和保护"人的尊严。尽管对于人的尊严保障的具体范围仍存在争议。但是,就克隆人而言,这一条款能够确保禁止将人仅仅作为他人的客体,并且这一禁止包括国家,也包括个人。在 1975 年和 1993 年联邦宪法法院作出的两次堕胎判决中指出,未出生的生命也在人的尊严的保障范围之内,因为怀孕不同阶段的发育过程体现了作为个体的人的发展的不可分割的步骤。双倍体的受精卵和无性生殖方式产生的克隆胚胎,都包含了个体发展的全部程序,在人的尊严的保护范围之内。在精子和卵子细胞核结合之时,或全能克隆细胞产生之时,一个自主发展的过程便得以开启。这个过程中,并没有决定性的间隔能够将这一发育过程中生物体与其出生之时区分开来。人的尊严属于人类仅仅建立在其属于人类物种这一基础之上。胚胎拥有人的尊严,它们在试管内被生产的目的只能是为了植入到提供卵子的妇女的子宫之中。基于此,不能基于尚未被植入的胚胎的"无家可归"而质疑其发展潜能或交由研究之用。试管受精只有在作为一种个人治疗的措施时,才具有正当性。倘若胚胎不是被用于植入其生母子宫,而是被用于研究、治疗他人或诊断后毁弃,那么其便成为达成他人目的的一种手段,其本身的目的性便遭到否定。这侵犯了人的尊严。同样,在保护胚胎的生命权与胚胎研究可能延长他人生命的预期利益之间进行衡量,也侵犯了人的尊严。这从最初的时候就不被允许。另外,有一种观点认

---

① Christian Starck, Göttingen, The Human Embryo is a Person and not an Object, In: Human Dignity and Human Cloning, edited by Silja Vöneky & Rüdiger Wolfrum, Martinus Nijhoff Publishers, 2004.

为胚胎的生命权与科学研究的目的处于同等重要的地位。这种观点预设权利和人的尊严是被法律赋予的。这一观点认为基于研究目的可在试管中生产胚胎。这时胚胎被视为研究物质，或者说是"物"。从这一观点出发，无论生殖性克隆还是治疗性克隆都是应当被禁止的。

德国学者约恩·伊普森(Jörn Ipsen)在《德国基本法保护对克隆人的禁止吗?》①一文中指出，胚胎在何种程度上受宪法保护，应当区分权利与权利保护的客体。《德国基本法》第 2 条第 2 款保护人的生命权，权利主体得基于此而对抗国家的干预。即使没有明确的权利主体，也并不意味着客体不受保护。这意味着，尽管没有具体的权利主体存在，国家对于基本权利的客体仍然负有保护的义务。具体到胚胎，胚胎并不是基本权利的主体，因而也不是人的尊严的主体。因此，胚胎并没有免于基因操作的权利。但是，立法者仍具有保障产前各阶段生命的义务，这一义务源自人的尊严的客观价值。这也被联邦宪法法院的判决所确认。体外试管胚胎研究和干细胞治疗的发展对于提升人的尊严具有必要性。减轻和治愈人类遭受的疾病，与保护胚胎相比而言，代表了受宪法保护的更为重要的价值。根据这一观点，治疗性克隆是否应当被禁止需要进一步进行利益衡量。

德国学者霍斯特·德赖尔(Horst Dreier)在《克隆人侵犯基本法上的人的尊严吗?》一文②中指出，生产克隆人的行为本身侵犯了克隆人的尊严引发了这样一个问题：个人的尊严是否会被生产他的程序所侵犯？自我决定权作为人的尊严的表达形式，不能被加逐到形成人的基因结构的那些过程中。基于生产多个基因相同的个体，该个体很难主张其尊严由此受到侵犯，因为如果没有这样的生产过程，其根本就不会存在。在克隆人出生之前，并没有个人身份存在，其尊严与自我决定权

<hr />

①　Jörn Ipsen, Osnabrück, Does the German Basic Law Protect against Human Cloning? In: Human Dignity and Human Cloning, edited by Silja Vöneky & Rüdiger Wolfrum, Martinus Nijhoff Publishers, 2004.

②　Horst Dreier, Würzburg, Does Cloning Violate the Basic law' Guarantee of Human Dignity? In: Human Dignity and Human Cloning, edited by Silja Vöneky & Rüdiger Wolfrum, Martinus Nijhoff Publishers, 2004.

也不可能被侵犯。与自然生育的人类个体一样，克隆人不具有决定自己基因构成的可能性。从这一方面看来，生育本身便具有他律性。任何人都没有权利决定其基因构成、决定其是否出生或以怎样的方式出生。针对克隆人侵犯被克隆者的尊严这一观点，该学者认为对于被克隆人非自愿性的生殖性克隆，由于未经被克隆人的同意，违背其意志，对于其独特性地位构成挑战；而被克隆人自愿性的生殖性克隆，不能认为其侵犯了被克隆人的尊严，因为人的尊严的保护不能被用于对抗权利主体或剥夺权利主体的自主性，这一权利主体的自主性是基本法第1条所保障的。由此，生殖性克隆侵犯人的尊严只能从超越个体基本权利的法律共同体的层面来加以理解。法律共同体不会允许人的个体性被人为地复制和被类似工厂式地生产，因为这会危及每个人独特性和个体性的客观要求。对于禁止生殖性克隆的如此广泛的一致性根植于人们的义愤与羞耻感、亲子关系根深蒂固的基本观念，或对恶行认知上的焦虑。根据交往理论，生殖性克隆会侵犯人的尊严得以建构所依赖的人们交往的可更新性环境。在具体的法律共同体中，生殖性克隆会侵蚀人们交往的条件。通过人工复制基因个体性的方法而系统性地"生产"人类，其合法性会危及作为政治共同体规范基础的"目标安全性"。基于人的尊严的社会集体的自我认知也将受到威胁。禁止克隆人保存并包含了成功社会交往需要的先决条件，因为其确认了个体的独特性。

德国学者布里吉特·齐普里斯（Brigitte Zypries）在《从生育到一代人？生物伦理中的宪法与法律政治问题》一文①中指出，宪法与生物伦理的问题并不能截然分开。德国的胚胎保护法明确了受保护的价值：任何胚胎的生产与使用都是非法的，除非是为了相关妇女的怀孕。立法者限缩了妇女或夫妇的行为，同时也限制了医生与研究者。也就是说，立法者限制了他们的基本权利。立法者对此应当提供正当性理由。

---

① Brigitte Zypries, Berlin, From Procreation to Generation? Constitutional and Legal-Political Issues in Bioethics, In: Human Dignity and Human Cloning, edited by Silja Vöneky & Rüdiger Wolfrum, Martinus Nijhoff Publishers, 2004.

我们不能先验地将胚胎干细胞的研究排除在科研自由的范围之外,因为干细胞的研究是科研过程的重要组成部分,对于达成特定的科研目标具有必要性。对此,必须要权衡冲突的基本权利。这样一来问题就转向:试管中的胚胎是否以及在何种程度上受到基本法的保护。这个问题并不仅仅是一个法律推理问题,而是涉及哲学、宗教、意识形态以及科学与法律等多个方面,并相互交织在一起。对于人的生命的开始与结束的认识是不明确的。在德国基本法起草时,这些涉及生物医学的问题是不可预见的,因此很难从基本法中找到明确的答案。但这并没有让我们从面对新问题、解释基本法的任务中得以解脱。基本法并不是僵化的,在必要时,能够也应当被适当解释。尤其在面临冲突与危险的时候,基本法的解释是开放的。这时候就涉及解释方法的问题,倘若从基本法的文本和历史中难以找到明确答案,考虑其他解释方案的不同后果便具有正当性和必要性。但是生物医学涉及的问题是复杂的,后果随着科学的不断发展,也在不断变化。并且,这些问题在社会中存在广泛的争议。通过比较法的考察发现,此类问题在类似的自由宪法国家中处理方式多种多样。立法者应当在落实保护人的生命的宪法义务过程中,有一定的自由裁量权,尽管这一自由裁量权应当慎重使用。德国的议会已经非常慎重而严格地行使了这一裁量权。根据基本法的第 2 条,立法者对于未出生的生命具有保护的义务。但这一义务从何时开始呢?德国联邦宪法法院无须在判决中回答这一问题,因为涉及的人工流产的法律问题出现在受精卵着床完成后。生命的开始便不证自明了,即从精子和卵子完全融合之时,或胚胎形成之时。胚胎,即使是试管中的胚胎,也不是可由夫妇、医生和研究人员任意摆布的细胞组织。他们不被允许在行使宪法自由的时候,不顾及对胚胎负有的责任。若不受限制地授权进行胚胎植入前的诊断或提取胚胎干细胞,便逾越了立法的自由裁量权。但是根据德国联邦宪法法院的判例,对于生命权的保护并不是绝对的,尽管其代表了宪法秩序中的基础价值,该权利得基于法律而附加限制。这一法律保护允许对生命的保护加以分类。因此,生命权应当与夫妇和研究人员的基本权利相协调。对人的尊严的不可侵犯性的服从是宪法的基础。不可侵犯性的部分内涵意味着人的尊严不可与其他基本权利相衡量。受精卵和器皿中的胚胎具有独特的发展潜力,这构成人的尊严的本质要素。但问题在于:这种潜力是否足够构成基本法第 1 条意义上的人的尊严的认知,对此,第一,基本权利建构了对抗国家行为的保护,也是我们价值秩序的表达,但同时它们也建构了国家的积极保护义务。试管中的胚胎若要实现其尊严必须直接依靠立法的积极保护义务,并且不只是依靠国家,还要依靠妇女怀孕的意愿。国家不得强迫任何人完成怀孕任务。第二,不只是在试管中的胚胎,在避孕环的使用上也是如此。受精卵被阻止植入、发育。我们不能将对基本权利的保护集中于不能实际实现的事物之上。只要胚胎仍在试管中,其缺乏独立发展为个体的基本条件。在此种意义上,仅凭抽象的发展可能性难以获得人的尊严。因此,宪法为生物医药设计了框架,人们在个案中可以辩论。我们不能简单地通过基本法寻求正确答案,而是应当在特定的议题中充分考量生物医药带来的机遇与挑战。对于治疗性克隆,其让克隆胚胎发育,只是为了提取胚胎干细胞从而毁坏它们。这是有问题的,因为基于保护胚胎生命的需要,最初的胚胎生产就是被禁止的。同时,我们也应当注意其间接的后果。如果在技术发展到允许克隆生命时,我们如何确保这种技术不被用于已经发育了三四天的胚胎。研究人员在如下这一点上观点一致:为了探究人类的身体和细胞的发展过程,发现各种干细胞的治疗潜力,包括成人干细胞、脐带血干细胞、胎儿干细胞以及胚胎干细胞在内的所有干细胞,都需要加以研究。

在克隆人技术与生育权的关系问题上也有了更为体系化的探讨。佛罗里达大学法学院教授伊丽莎白·福里(Elizabeth Price Foley)在《克隆人与生育权》一文①中对克隆人与生育权的关系进行了深入研究。作者首先探讨了美国宪法上的生育权的宪法依据问题,认为美国

---

① Elizabeth Price Foley, Human Cloning and the Right to Reproduce, Albany Law Review, 2002(65).

最高法院已经在格里斯沃尔德诉康涅狄格州（Griswold v.Connecticut）案和迈耶诉内布拉斯加（Meyer v.Nebraska）等案中明确了人有不生育的权利和积极的生育权。作者认为积极的生育权包括通过辅助生殖技术生育的权利，也包括通过克隆人生育的权利，反对的意见主要是基于臆想的畏惧，但禁止克隆人的正当性难以基于畏惧而获得支持。作者还探讨了倘若克隆人问题被摆到法院面前，法院可能的分析路径。作者认为法院无疑会从实质正当程序的法律框架开始分析，该案确认的实质正当程序保护的实践包括两个特征：第一，这一实践根植于国家历史和传统并且暗含于被规范确认的自由概念之中，假若舍弃之，自由与正义便不复存在；第二，有确定的经过审慎描述的自由利益。作者认为生殖性克隆技术很难被法院解释为根植于我们的历史和传统。但可进行类推，宪法是否保护无性生殖便依托于对权利的架构。具体而言，支持者与反对者必须寻求可以类比的受法律保护的传统实践。对此，支持者会寻求生育作为类比，如果法院认同这一标准，其将会认定无性生殖（如克隆）仅仅是生育的一种，因为生育在传统上是受保护的，无性生殖当然也受保护。但是这一推论可能难以说服保守法官，如斯卡利亚大法官，其可能会强调对于新的实践加以实质正当程序的宪法保护，需要更为具体明确的类推。支持者还可以寻求更为具体的类推，比如人工辅助生殖技术，如试管婴儿和人工授精。这样一来，若法院选择这一立场，对于无性生殖的宪法保护将与其他人工辅助生殖技术的宪法保护同步。若其他人工辅助生殖技术受较高程度的宪法保护，则无性生殖也是如此。但是，若法院认为性交和无性生殖之间很难恰当地类推（毕竟它们之间的差异是非常明显的），问题便复杂起来。倘若法院认为性交和所有其他的辅助生殖技术不具有可比性，则产生的问题可能是导致所有的其他辅助生殖技术不受宪法保护，而易于被侵害，这显然难以被接受。法院其他可能的选择是，所有的生育方式都受宪法保护，但基于运用的方式而受到的保护程度不同。通过这种方法，大致可以推测，性交生殖受宪法保护程度最高，所有可能涉及侵害个人通过这种方式生育的法律应接受最为严格的审查。随后，受相对较低程度保护的便是辅助生殖。因为辅助生殖的运用并没有受到像性交生殖一样的历史和传统的敬畏，加上辅助生殖的采用意味着隐私利益的降低，通过这种分层，法院对辅助生殖，如试管婴儿、克隆和人工授精的运用可以进行规制，而同样的规制当然不能加诸性交生殖之上。

在克隆人技术立法与科学研究自由的关系上也有探讨，比如美国宪法没有明确规定公民的科研自由，而克隆人问题引发了美国宪法是否保障科学研究自由的讨论。有的学者认为，科研者具有宪法保障的科学研究的自由，禁止克隆人研究侵犯了这一自由。在美国，宪法文本上并没有明确规定公民的科研自由，但美国法院通过判例从宪法第一修正案的言论自由和第十四修正案的个人自由权中解释出科学研究自由，认为克隆人研究作为一种表达行为，属于一种观念的产生过程，因此在言论自由的保护范围之内，不应当受限制。[①]

在克隆人技术立法与宪法的整体关系方面，有的学者进行了体系化的探讨。其中最具代表性的是 1998 年洛丽·安德鲁斯(Lori B. Andrews)教授发表的《存在克隆权利吗？禁止克隆人的宪法挑战》一文，[②]作者首先探讨了克隆人技术的运用前景，认为通过克隆方式产生一个孩子，在很多情况下是很具有吸引力的，比如如果夫妇中的一人或两个人不能生育，克隆提供了一种可行的生育选择；如果其中一人具有基因遗传病，他们可以选择克隆夫妇中没有遗传病的那位。如果夫妻两人都携带隐性遗传疾病，并且不希望孩子承担具有遗传病的风险(25%的概率)，他们可以选择通过克隆来解决。这也是父母拥有一个携带自己基因的孩子的唯一方式。即使那些能够通过自然方式生育孩子的人，有时也有克隆的期望。人们可能想克隆自己、死者，或活着的亲人，或具有优秀特质的个体。一个没有孩子的富人，可能想克隆自己，以拥有一个遗产继承人，掌控家族企业。有些无法再生育的父母可

---

① Meredith Lewis, Book Note: Age of human cloning and the constitutional crisis that may result, Journal of Law and Family Studies, 2004(6).

② Lori B. Andrews, Is There A Right To Clone? Constitutional Challenges to Bans on Human Cloning, Harvard Journal of Law & Technology Review, summer, 1998(11).

能希望克隆他们已故的孩子。有些人可能希望克隆一些具有优秀特质的个体，比如特蕾莎修女、迈克尔·乔丹、米歇尔·法伊弗等。具有某些特质的并非特别著名的人也可能被克隆，比如坚忍不拔的人。那些可能胜任特殊工作的人，比如士兵、运动员，也可能被克隆。克隆也能扩大非传统的家庭选择，比如建立于纽约的一个同性恋活动组织克隆权联合战线，反对纽约禁止核移植研究和克隆人的立法提议，他们认为克隆人是一个同性生育的重要突破。克隆人技术还会被应用于"不用男人的生育"。如果女性能够克隆自己，男人在生育中将是多余的，女性统治世界，男人将被淘汰，女权主义者的终极理想社会。

随后洛丽·安德鲁斯教授详细分析了克隆人技术带来的可能影响：第一，克隆人潜在的人身危险。在这方面，作者指出包括克隆羊的创造者在内的诸多科学家，都认为动物克隆技术用于人类克隆的研究没有足够成熟。在 277 只克隆羊实验中，只有一只羊（多莉）得以存活。并且，重新激活一个细胞的基因具有危险性。分化的成年细胞包含一个完全的基因补体，但是只有很少的一部分被激活以从事细胞具体工作。激活沉睡的细胞可能会引发隐藏的突变。有些分化的细胞重新排列基因片段，此类重新排列会使克隆人产生问题。并且，如果成年 DNA 中的基因没有完全得到适当的重新激活，克隆人的后续发育会受到影响。实验中的高死亡率预示着克隆可能实际上会破坏细胞的 DNA，科学家强烈建议要密切观察克隆羊多莉的基因异常，这没有在胎儿时期杀死它，但长期看来可能产生损害后果。此外，科学家没有全面搞清楚细胞的老化过程，他们不知道多莉遗传了多大的年龄或基因钟。如果细胞自我管理的基因钟的假定是正确的，克隆动物被设计的细胞比被克隆者的生存年限要少很多。克隆动物和克隆人可能是短命的、可随意使用的复制品。第二，克隆人潜在的心理影响。在这方面，作者指出克隆的心理影响主要在于父母与子女关系方面，对克隆人自主与自由意志的侵蚀。克隆人丧失了掌控自己个人信息的能力。克隆人的特殊来源可能对他们带来不合理的期许。当克隆人是从已故的孩子基因中而来时，孩子的父母可能希望第二个孩子成为第一个孩子的替代品。父母与抚养第一个孩子的时候相比,会变老,会遭受失去孩子的巨大的痛苦,因此,会有一种过度保护克隆人的取向。他们可能限缩克隆孩子的经历。在家庭关系方面,如果克隆人是被创造出来满足DNA捐献者的虚荣心或满足已经存在的个体的需求,它可能会降低克隆人的人格。从已故的孩子基因中克隆的孩子,在获得自身内在价值的单独的爱方面,有相对少的机会。我们在一个基因决定的时代,在很大程度上,我们的命运在我们的基因之中。无论遗传学是否在人的发展中扮演如此重要的角色,父母还是会养育克隆人。毕竟,不管是否相信遗传决定,人们想要一个克隆人(在不孕不育中,反对运用捐献的精子或卵子)的原因是确保孩子有确定的基因组成。如果认为他们在克隆人出生时会忘记克隆人的基因组成,这看起来是荒谬的。父母对于其孩子基因组成的预知会影响到他们的养育行为。通过威胁人的自我意识和自治,克隆人会侵蚀人的尊严。大量的心理成长的研究说明,孩子需要一个自治的意识。这对于从其父母或已故的孩子基因中克隆出来的克隆人来说非常困难。尽管克隆人不相信基因决定,被克隆的生活将会一直萦绕于克隆人,对于克隆人的生活造成不适当的影响。克隆人与天生的双胞胎非常不同。对于双胞胎来说,每个人的生命都是开始于未知,与其他非双胞胎一样保持着对于未来的选择。一个人的基因组对其未来影响的未知,对于自发、自由而真实地建构自己的生活和自身,是必不可少的。克隆人侵犯孩子所具有的面向未来开放的权利。克隆人也会导致个人私密信息的泄露,这可能会威胁到其自我印象。根据人们对基因测试反应的研究,对于自己基因信息的知晓(无论主动还是被动的)会损害人的自我印象。而且,由于提前知道其基因,克隆人可能受到非难或歧视。如果某人被克隆,年轻时便死于遗传性疾病,该年轻人的克隆人可能会被要求保险或遭受就业歧视。第三,克隆人潜在的社会影响。这方面,作者指出克隆人的前景引发了对社会整体影响的诸多严重关切。克隆可能会影响到进化,因为它会提升基因的单一性和危险性,因为克隆人对于将来的某些疾病会没有抵抗力。基因多样性是我们应对不确定未来的首要防御。剥夺基因多样性,哪怕是部分的,也会威胁到我们的物种。遗传的适应性使得人类能够生存,克隆基因相同的人会威胁到人类。克隆人对于人类的家庭结构也会带来不利影响。克隆人可能会导致人以及人类基因的商品化,也会导致对人类基因的操纵以产生更多社会期待的孩子。克隆人可能会让社会逐渐认为孩子是一种"产品"。克隆人可能成为"可拆卸的备用零部件",其被制造仅仅旨在用于医疗目的,要求其捐献其器官。克隆除了会削弱个体的自由意志外,还会削弱那些致力于培育个人自主及禁止对个体进行强制操纵的社会结构与政治制度。

在此基础上,作者进一步分析了美国克隆人的相关立法及其涉及的基本权利问题。作者指出,如果议会通过立法禁止克隆人,一种可能的宪法挑战便是,该法律可能会过度干预到宪法上的研究自由。尽管美国宪法没有具体列举研究自由,这一权利可从第十四修正案的自由权和第一修正案的言论自由中推导出来。而且,毫无疑问科学研究已经成为恒久的美国价值。美国宪法的起草者讨论过科学研究的神圣本质。美国宪法授权建立专利体系以促进科学发明。历史上,科学理论受到保护,因为社会将美国置于知识神圣和知识自由的价值之中。研究的权利,包含追求知识的自由。如果第一修正案保护自由观念市场,它也应当保护自由观念市场所包含的信息。科学家具有接近现有信息的权利。作者指出,克隆将不会受科学研究权利的保护。从事医疗研究的权利不是宪法上的基本权利,州法律可以对那些涉及未出生孩子的实验进行规制,只要这一规制是合理的。在任何迅速发展的领域,基于其内在滥用的危险性,州为了保护公民的健康和安全,对其予以限制是合理的。即使克隆研究受宪法保护,一定程度的限制也是被允许的。追逐知识的自由与选择获取知识的方法的权利具有区别,后者可以在一定程度上受到限制。尽管政府可能不禁止某些研究,但是会限制或禁止科研人员运用某些方法,只要这些方法的运用威胁到州合法关切的利益。为了保护研究对象的权利和社会安全,美国联邦和州政府可以对研究人员的研究方法进行限制。科学家需要根据广泛接受的道德原则从事其研究。有时候科学研究的自由必须要加以限制,尽管该限制可能被科研人员认为是一种阻碍。

随后,作者讨论了禁止克隆人是否侵犯生育自主权的问题。诸多个体的需求会促使人们从事克隆人:如果夫妻双方都含有致命的隐性基因,通过其中一人克隆一个孩子;如果丈夫已经去世,其妻子想要一个其死亡丈夫的后代;或者通过克隆人获取骨髓捐赠者以拯救一个病危的孩子;这些情况下的克隆人是可以理解的,甚至是可期待的。决定是否生育一个孩子的权利受宪法上隐私权和自由权的保护。作出生育决定的权利,包含一对无生育能力的夫妇通过医疗辅助方式生育的权利,其中包括运用试管婴儿或捐赠的胚胎。克隆人与通常的生育有质的不同。克隆不是基因的融合而是基因的复制。即使是双胞胎的情况下,他们的未来是不可知的,他们与其父母具有区别也是公认的。对于克隆人来说,其基因型已经存在了。在科学研究的背景下,即使克隆的基本权利获得认可,从州的利益角度考虑,任何强力限制此种权利的立法也会被允许。针对有观点认为,"对于克隆人本身的潜在危害不应当考虑,因为没有克隆其自身便不存在,因此克隆对于克隆人来说是有利的",作者指出:有些伤害比不存在更糟糕,正如法院在错误生命案中所指出的,如果不是这样的话,任何程度的痛和伤害都可以加逐到克隆人身上,只要其父母宣称否则克隆人便不存在。针对有观点认为,"对于克隆人的人身伤害风险与正常生育的某些遗传病并没有什么不同,克隆人与其他生育相比,不应受到更多的限制",作者认为这种类比是不恰当的。父母可以生育一个由于基因反常脊柱裂而不能行走的孩子。但是如果他们通过殴打干涉孩子导致同样的结果,道德结果是完全不同的。作者进一步指出,政府也可以基于免于扩大社会损害而维护迫切的利益。例如,政府可以基于确保人的进化的州利益而禁止克隆人,因为克隆人会减少社会的多元性。作者指出,克隆一个其基因构成已经被知晓的人,可能会构成基因奴役,这与美国《宪法》第十三修正案的禁止奴役相冲突。基于其基因构成而带来的期待,克隆人的自由将被限制。克隆可以被认为是产生奴役的象征。故意生产一个基因已被知晓的人侵蚀他们的自由意志,美国法院认为侵犯人的自由意志和个人自由被第十三修正案所禁止。并且,创造一个人用于提供器官移植的"零部件"不仅仅是社会厌恶的,也侵犯克隆人根据第十三修正案免于非自愿奴役的权利。针对有的观点认为,"潜在的人身与社会危害作为政府禁止克隆人的基础,具有推测性",作者指出,如果被克隆人的期望没有通过克隆达到,在潜在的心理危险方面,克隆人的危险远远超越被克隆人。克隆人的本质不同在于其存在权力滥用的风险。克隆人代表了潜在的滥用权力控制另外一个人的命运,即在人身与精神上史无前例的定制。

最后,作者分析了立法禁止克隆人中联邦政府的宪法职责问题。作者指出,由于克林顿总统和诸多国会议员都表达了对克隆人的关切,美国联邦政府考虑采取行动禁止克隆人。此类行动会被质疑超越了联邦政府的权力。通过美国最高法院涉及联邦权力的案例的深入分析,可以得出联邦政府在该领域中行为具有正当性。传统上,州而不是联邦政府对医疗卫生事务加以规制。医生和医院都是经由州的医疗委员会的医疗审查者许可与规制的。乍看起来克隆人应当更适合于在州的层面上予以规制。尽管有如此的分权,联邦政府可以通过将此种规制与其行使的权力相关联或与其规制州际贸易的权力相关联,从而正当化其对克隆人的规制。联邦政府规制大量的与政府资金相关联的医学与科学活动。与其提供医疗资金相关联,联邦政府要求医师遵循相关规范,比如禁止某些欺诈和滥用。与之相类似,作为接受联邦资金进行科学研究的条件,科学家必须遵守联邦对研究活动的相关规范。联邦禁止运用联邦资金进行克隆人研究是联邦行使的权限所准许的,但是这并不能涵盖私人部门运用非政府资金或在不接受联邦资金的机构从事研究,倘若联邦政府规制私人研究,其必须在商业条款下获得正当性。当国会将规制医疗和科学活动的权力归于商业条款,其包括管辖因素,立法规定其只能运用于州际贸易。如果联邦发布禁止克隆人的规范,在特定州的医疗机构会宣称该规范完全运用于州之间,运用于州内的医疗机构超越了国会商业条款的授权。作者认为,在美国诉达比公司(United States v.Darby)案中,法院支持公平劳动标准法并指出:

国会对于州际贸易的权力不仅限于对州之间贸易的规制，它扩展到足以影响到州际贸易的州内的活动。当物资在州际贸易间运转时，或消费者来自其他州，联邦政府因此拥有规制州内贸易的权力。那么，分析在一个州内的克隆人是否对于州际贸易有影响，首要的问题是克隆人是否会影响贸易。医院最初被视为是利他的、非商业性的。医院是穷人的慈善机构，被排除在规制商业的诸多规范之外。例如，医院基于慈善而享有豁免权，针对医院的侵权诉讼是被禁止的。医院的商业特征使得联邦的规制，例如公平劳动标准法、国家劳动关系法、谢尔曼法，对于医院加以适用具有了正当性。上述法规具体规定了其只适用于州与州之间的商业。支持上述规范适用于医院的法院指出，从其他州购买医疗和物资以及从其他州的保险公司和联邦政府获得退款，足以实质性影响到州际贸易。质疑联邦规制克隆人的医疗提供者可能主张他们提供服务是纯粹的利他目的——生产器官、生育选择——而不是获得经济收入。当加利福尼亚州埃斯孔迪多的诺贝尔精子库建立后，基于拥有者试图提升下一代智力的兴趣，精子被免费提供给妇女。一个类似的实体也可以被建构以允许人们养育有天赋的人为克隆人的原型。《自由进入诊所法》禁止由于任何人获得或提供了生育服务，而对其予以人身限制、伤害或干扰。根据商业条款维持了该法案合宪性的案例，认为生育健康服务的提供实质性地影响州际贸易，其基于国会的如下调查结果：（1）生育健康设施需要从其他州获取"设备、医药、医疗物资、手术器械以及其他必要的医疗产品"；（2）有些人在各州之间获得并提供生育服务；（3）设施的障碍降低了全国范围内生育健康服务的可行性；（4）设施障碍是全国性问题，这实际上超越了单独一个州的控制范围。

克隆人技术相关设施与《自由进入诊所法》案例中涉及的设施相类似，实质性影响州际贸易。例如，设备、医药、医疗物资、手术器械以及其他必要的医疗产品等克隆人技术设施需要从其他州获取。到克隆诊所的病人也会在州际穿梭。据估计，在全世界只有 10 个实验室能够做复制克隆羊的实验，由此其他州的人也会前往这些州获得服务。从一个州雇用员工、购买设施,并将其带到另一个州,这也是参与州际贸易。并且,克隆提供者也会在全国范围内,分享信息和研究成果,并参与全国范围的课程和会议,这足以满足"实质影响"的要求。最后,克隆是全国关注的问题,实际上州立法者推动联邦政府颁布禁令。作者认为,最高法院同意对商业条款的宽泛建构。在美利坚合众国诉洛佩斯(United States v.Lopez)案件中,法院认为议会通过的一项法律超越了商业条款的授权。在该案中,法院认为1990年的校园禁枪法案,禁止个人在其知道是校区或有合理理由知道是校区的地方,知悉并持有武器。无论规制商业行为还是包含的相关要求,持枪都与州际贸易没有任何联系。因此,该法由于超越联邦权限而被否定。克隆与该案的情况具有区别,因为克隆并不会影响到州具有规制历史或其广泛规制的领域,与当地可提供的中小学教育不同,克隆是由全国各地的有限的设施所提供,将吸引来自全国市场的员工和病人。此类研究最初就在联邦层面予以资助和规制的。在洛佩斯案中,有超过40个州已经禁止在学校区域持有枪支。对于克隆人,只有加州和密歇根州等少数州通过立法予以规制。事实上,州议员(包括加州的)已经提议呼吁联邦政府规制克隆人问题。如果采用联邦法律,提供一个充分的立法历史以说明克隆人如何影响了州际贸易、为什么克隆具有国家重要性以及说明州立法活动具体寻求联邦政府干预这一领域,这是很重要的。1997年《禁止克隆人法案》在"调查结果"部分指出,克隆人对于州际贸易的影响以及安全与道德的考虑,构成联邦禁止克隆人的正当性基础。该法案指出:"生物医药的研究设施,包括从事克隆和生育服务的设施,影响州际贸易。"在当时的7项法案中的3项只是禁止运用联邦资金从事或支持克隆人或克隆人研究。剩余的4项联邦法案具体提及联邦政府基于州际贸易的权限作为联邦政府禁止克隆人的正当性基础。另外一项法案,在"调查结果"部分,禁止用公共和私人资金进行克隆人,运用了商业条款作为禁止克隆人的正当性理由。有2项法案禁止克隆人,既没有提及资金来源,也没有运用商业条款。作者指出,任何一项触及创造人类的事项,并非简单的科学研究事项,同时也是一项具有道德性和触及精神的事项。克隆过程意味着对于克隆人可能具有人身和精神的诸多危险。联邦和州禁止克隆人存在潜在障碍,包括基于商业条款的宪法上的挑战、科研人员的研究权利,或个人具有的作为生育决定的隐私和自由权。但在上述任何情况下,克隆人研究都可基于其对克隆人本身以及对社会整体的潜在危害而受限制。

可以说,国外对于克隆人技术立法与宪法关系问题的探讨相对比较成熟。在美国相关学术论文就有上百篇。这些学术成果为我国克隆人技术立法宪法规制相关研究的深化提供了参考资料。

第一章

克隆人技术发展对宪法价值的冲击

20世纪末生命科学的三大突破——基因工程、人体基因组计划、克隆技术兴起,预示着21世纪一定会成为生命科学的世纪。[①]以基因技术为代表的现代生命科学技术迅猛发展,人类已经开始迫切地想用科技去改造、甚至创造新的生命,其中也包括人的生命。当生命科技被引向人类自身,人的本质受到了前所未有的冲击。基因和生殖工程的发展关系到人的本质。[②]而其中具有代表性的生命技术便是克隆人技术。回顾克隆技术的发展历史,我们发现克隆技术的发展给人们带来便利的同时,也对宪法保护的人的价值构成重大冲击。正如有学者指出:现代科技的发展虽然给宪法价值的实现创造了条件,但同时也对宪法价值的实现在某种程度上带来了冲击。[③]

第一节 克隆人技术的相关概念

一、克隆与克隆人

克隆是由一个个体通过无性繁殖方式产生的基因型完全相同的

---

① 杨怀中:《人类需要治疗性克隆》,载《自然辩证法研究》2004年第10期。

② [德]库尔特·拜尔茨:《基因伦理学》,马怀琪译,华夏出版社2000年版,第126页。

③ 韩大元、王贵松:《谈现代科技的发展与宪法(学)的关系》,载《法学论坛》2004年第1期。

后代个体组成的种群。①克隆是从英文的"clone"一词音译而来的,而英文的"clone"是源于希腊语的"klon"。"klon"在希腊语中意思是"细枝",希腊人了解到折下有些树的枝条予以栽培,将会复制该树。②"克隆"这一最初与园艺学相关的概念后来被用于描述动物的"无性生殖"。克隆被用于描述人的无性生殖时,出现了"克隆人""生殖性克隆"等概念。

人或动物的克隆有多种方法,主要包括卵裂球分离(Blastomere Separation)③、胚胎分裂和细胞核置换。卵裂球分离是通过分裂细胞期胚胎(如 2-8 细胞期胚胎),使其形成多组相同的卵裂球,进而发育成多个相同个体的一种克隆方法。胚胎分裂是通过将有性生殖产生的受精胚胎分裂为两个或多个胚胎以产下具有相同基因组的人工双胞或多胞胎。细胞核置换是指将成年供体细胞(体细胞含有完整的染色体)的细胞核转移到去核的卵子细胞(卵母细胞)。通过细胞核置换技术进行克隆的基本过程为:从体细胞内取出细胞核置换到去核卵子中,通过电击使得细胞核与去核卵子融合发育成胚胎,随后将胚胎移植到子宫发育成新的个体。克隆羊多莉便是运用细胞核置换方法产生的。本书探讨的克隆人技术是指运用细胞核置换方法产生克隆胚胎用于提取干细胞或用于产生新的人类个体的技术。

二、治疗性克隆与生殖性克隆

"克隆"一词运用于人类的时候,存在"克隆人""治疗性克隆"与"生殖性克隆"等概念。"克隆人"是比较常用的概念,通常在两种意义上被使用,作动词时指运用克隆技术产生人类个体的尝试,作名词时指通过克隆技术产生的人。

---

① 徐惟诚主编:《大不列颠百科全书(国际中文版)》第 4 卷,中国大百科全书出版社 2002 年版,第 283 页。

② Barbara MacKinnon, Human Cloning: Science, ethics, and public policy, university of Illinois press, 2000, p.17.

③ 早期胚胎细胞的称谓。

治疗性克隆是以治疗为目的,借助克隆技术产生胚胎干细胞从事治疗研究。①生殖性克隆是指运用细胞核置换方法产生一个新的人类个体,相当于动词意义上的"克隆人"。生殖性克隆的基本过程为:从人体细胞中取得细胞核,将妇女的卵母细胞去核,通过电击等方法促使体细胞细胞核与去核卵子融合,使其发育成人体胚胎,然后将该胚胎移植到妇女子宫内进一步发育成胎儿,进而产生克隆孩子。

生殖性克隆与人类传统的有性生殖截然不同。有性生殖是通过精子与卵子结合为受精卵,发育成胚胎进而形成胎儿、产生孩子的过程。此种方式产生的孩子的基因来自提供精卵的男女双方。生殖性克隆是一种无性生殖,没有精子和卵子的结合,克隆孩子的基因结构几乎完全复制了供体的基因结构。生殖性克隆由此被视为创造已经存在的人类个体的"后生双胞胎"的一项活动。但与自然出生的双胞胎也有不同,克隆孩子与供体的基因并不是完全相同,克隆人的 DNA 中含有去核卵子的线粒体DNA。②

第二节 克隆人技术的发展与应用前景

一、克隆人技术的发展

克隆人技术与动物克隆在技术上是一致的。可以说,克隆人技术的最初发展体现为动物克隆技术的发展。1938 年,德国生物学家汉斯·斯佩曼(Hans Spemann)提出通过细胞核置换技术进行动物克隆的设想。1952 年,美国胚胎学家布利格斯和肯恩成功克隆青蛙早期胚胎细胞。③1958 年,英国生物学家约翰·格登的研究团队成功克隆蝌蚪。④1996 年 7 月 5 日,英国的威尔慕特用成年羊体细胞克隆出克隆羊

---

① 刘长秋:《刑法学视域下的克隆人及其立法》,载《现代法学》2010 年第 4 期。

② Lori B. Andrews, Is there a right to clone? Constitutional challenges to bans on human cloning, 11 HARV. J.L. & TECH. 643, 1998, p.647.

③ 黄丁全:《医疗 法律与生命伦理》,法律出版社 2007 年版,第 477 页。

④ 叶俊荣等:《天平上的基因——民为贵、Gene 为轻》,台湾元照出版有限公司 2006 年版,第 138 页。

多莉,打破了科学界关于细胞分化不可逆的想法,随后很多其他的哺乳动物相继被成功克隆出来。2001 年 11 月,美国一家先进细胞技术公司成功克隆出人类胚胎。①

二、克隆人技术的应用前景

哺乳动物克隆技术的发展,引发了克隆人的设想。通过克隆方式产生一个孩子,在很多情况下是很具吸引力的。

(一)克隆人技术可作为生育孩子的方式

克隆人技术可以作为生育孩子的方式,主要体现在:第一,对于不孕不育的夫妇或想过单身生活的人,克隆人提供了一种可能的生育选择。第二,对于一方具有基因遗传病的夫妇,若其不愿让孩子冒携带遗传病的风险,通过克隆人技术,可以克隆没有携带遗传病的一方,产生克隆孩子。第三,即使那些能够通过自然方式生育孩子的人,有时也有克隆的期望,有些人可能希望克隆一些具有优秀特质的个体。第四,克隆人也能被用于扩大非传统的家庭选择。克隆人是同性生育的重要突破,有助于实现同性恋者的生育权。

(二)克隆人技术可用于治疗疾病

克隆人技术在医疗方面具有广阔的运用前景。在治疗性克隆技术方面,胚胎干细胞的研究对人类治疗诸多疾病带来希望,阿尔茨海默氏症、帕金森氏症等历来难以治疗的疾病有望得到缓解。当前诸多病人需要的人体器官极度短缺,治疗性克隆通过对胚胎干细胞的引导,能够使其发育成人体所需要的器官。并且与传统的器官移植相比,通过治疗性克隆产生的器官还具有不排异的优势。在生殖性克隆技术方面,某夫妇的孩子需要骨髓移植但没有合适的骨髓供体的情况下,可以运用生病的孩子的体细胞进行克隆,产生克隆胚胎,将其移植到母体发育产生克隆孩子,通过移植克隆孩子的骨髓挽救孩子的生命。这种情况下

---

① 张乃根、[法]米雷埃·德尔玛斯-玛尔蒂主编:《克隆人:法律与社会》,复旦大学出版社 2002 年版,第 1—2 页。

也不会危及克隆孩子的生命,夫妇可以像对待第一个孩子一样将克隆孩子抚养长大。同样,克隆孩子还可以提供肾脏等人体非致命性器官。

(三)克隆人技术可用来怀念故人

在有些情况下,生殖性克隆人可被用于产生一个孩子,以寄托父母对已故孩子的思念之情。有些父母可能为了寄托对故人的怀念之情而希望克隆他们已故的孩子。[①]

第三节　克隆人技术对宪法价值的挑战

作为 20 世纪末生命科学革命重要的突破之一,克隆人技术的发展给社会带来了深刻的影响,对宪法保护的价值带来了巨大冲击,也为宪法的发展带来了机遇和挑战。

一、克隆人技术对生命价值的冲击

克隆人技术的研究对宪法上生命权的价值带来巨大冲击。克隆人技术的发展会在医学研究领域带来突破,当前用于器官移植的人体器官极度匮乏,治疗性克隆的发展对解决这一问题具有广阔的前景。但治疗性克隆研究的过程需要从克隆胚胎中提取胚胎干细胞,这必然要损害用于研究的人类胚胎的生命。在医学研究领域,科研人员因治疗疾病的需要损毁胚胎,对宪法上生命权的价值构成侵害。在生殖性克隆领域,克隆人技术目前还不成熟,克隆孩子可能面临严重的人身健康和安全方面的风险。动物克隆中出现的诸多问题可以说明这一点。动物克隆过程中出现的问题包括:第一,成功率很低。动物克隆技术尽管已经取得重要的进展,但其仍然面临一些问题。其中最为重要的问题便是其成功率很低、克隆出来的动物可能存在生理和免疫方面的缺陷。有学者指出,动物体细胞克隆的成功率很低,目前公认的成功率在1%—3%,克隆胚胎移植后的出生率平均不到10%。[②]在 277 只克隆羊

---

① 甘绍平:《克隆人:不可逾越的伦理禁区》,载《中国社会科学》2003 年第 4 期。

② 张荣昌等:《哺乳动物的克隆技术——哺乳动物克隆的原理、方法、影响因素及存在的问题》,载《中国畜牧兽医》2006 年第 10 期。

实验中,只有一只羊(克隆羊多莉)得以存活。①第二,基因异常、疾病与畸形。动物克隆的过程中时常伴随着疾病或遗传性畸形问题。20 世纪 50 年代青蛙的克隆实验过程中有时会出现遗传性畸形。得克萨斯州的格林纳达公司曾经运用分化的胚胎细胞对牛进行克隆,有些克隆出来的小牛异常大,有些出生时便重达 180 磅,比正常出生重量的两倍还多。并且,有些克隆出来的小牛伴随着疾病,比如糖尿病、心脏肥大,有 18%—20%的克隆牛出生后死亡了。克隆羊多莉诞生后,该科研团队利用胚胎细胞进行转基因动物克隆。这次试验中,团队将羊的胚胎细胞的 DNA 转移到 425 个去核卵子中,有 14 个成功受孕,最后只有 6 只羊成功被克隆出来,有些羊的重量是正常羊体重的两倍。实验中的高死亡率预示着克隆可能实际上会破坏细胞的 DNA。此外,克隆人也可能面临分化细胞基因片段的重新排列,此类重新排列也会使克隆人产生问题。②第三,过早老化问题。当前科学界没有研究清楚细胞老化的过程,通过克隆技术产生的克隆孩子很可能会遗传供体的年龄或基因钟,这可能导致克隆人是短命的。贝勒医学院的遗传学家和妇产科医师谢尔曼·伊莱亚斯(Sherman Elias)呼吁对动物核移植进行进一步的测试,以确保人类克隆免于过早老化等潜在危害。③克隆动物成功率低、畸形问题和早期死亡问题意味着通过克隆人技术生产人类个体也会面临同样的遭遇。有意制造很可能有缺陷的人,这是对人的生命权的侵犯。④

二、克隆人技术对人的尊严价值的冲击

克隆人技术对宪法上人的尊严价值带来了冲击。克隆人技术会改

---

①　See I.Wilmut, A.E.Schnieke, J.McWhir, A.J.Kind & K.H.S.Campbell, Viable Off-spring Derived from Fetal and Adult Mammalian Cells, 385 NATURE 810, 1997, p.811.

②　Lori B.Andrews, Is there a right to clone? Constitutional challenges to bans on human cloning, 11 HARV. J.L. & TECH. 643, 1998, pp.651—652.

③　See Terence Monmaney, Prospect of Human Cloning Gives Birth to Volatile Issues, L.A.TIMES, Mar. 2, 1997, at A1. Also at http://articles.latimes.com/1997-03-02/news/mn-34179_1_human-cloning(last visited March 3, 2015).

④　韩大元、王贵松:《谈现代科技的发展与宪法学的关系》,载《法学论坛》2004 年第 1 期。

变"人"的生物学基础,对宪法上"人"和"生育"的概念带来冲击。对人类传统生育方式的第一次重大挑战是人工辅助生殖技术,由于人工辅助生殖技术改变了传统生殖领域中性交生殖的基本模式,其最初的发展面临社会的重重阻力。随着第一个试管婴儿的诞生,人们逐渐接受了这一新的人工辅助生殖方式。克隆人技术将会更加深刻地改变生育观念中关于"人"的基本概念。①因为通过克隆人技术生育的孩子与传统生育方式和当前人工辅助生殖技术产生的孩子具有本质的差别,其不是基于精卵结合的产物,而是对已经存在的基因的复制。哺乳动物克隆技术的发展历史已经证明克隆人技术已具有技术上的可行性,尽管其安全性仍被人们所担忧。克隆人技术能否被不孕不育的夫妇用于产生孩子已经成为一个在价值观念和法律规范领域应不应当允许的问题。这需要重新审视传统宪法上的"人"和"生育"的基本概念。宪法学必须要回答通过克隆人技术产生的克隆人是不是宪法上的"人",通过克隆人技术产生一个孩子是否在传统宪法上生育权的保护范围。在宪法上要坚持关于"人"和"生育"的传统观念,对克隆人技术持一种保守的态度,还是要随着克隆人技术的发展对宪法概念的内涵作出适当调整,以积极的姿态拥抱克隆人技术,这也是宪法学必须要面对的问题。这一问题对宪法学提出了挑战,一方面,宪法学并没有作好充足的理论准备,对于什么是宪法上的"人"没有形成稳固的宪法基础理论,对宪法上生育概念的生物学基础也没有达成基本共识;另一方面,克隆人技术正处于迅速发展的阶段,对这一日新月异的技术做宪法学上的判断,需要具备相当的专业知识,并且伴有推测性和不确定性,比如克隆人技术对克隆孩子身体和心理健康的影响,尚无确定的科学证据,对其进行判断必然具有推测性。

生殖性克隆还涉嫌侵蚀人的自主与自由意志,侵犯人的主体性和独特性。生殖性克隆方式产生的孩子会丧失掌控自己生活和个人信息的能力,处于一种被控制的状态。美国国家生物伦理咨询委员会观察指出:细胞核置换的克隆,在某种程度上为完全控制一个孩子发展的重

---

① 韩大元:《论克隆人技术的宪法界限》,载《学习与探索》2008 年第 2 期。

要方面(基因)提供了可能,这是一种完全的控制,这种控制引发了根据一定的规格生产孩子的想象。如果克隆人是被创造出来满足被克隆者的虚荣心或满足已经存在的个体的需求,它可能会降低克隆人的人格。从已故孩子上克隆的孩子,在获得自身内在价值方面,有相对少的机会。①我们处在一个基因决定的时代,DNA的发现者之一詹姆斯·沃森(James Watson)指出:"我们一致认为我们的命运在星球之中,现在,在很大程度上,我们的命运在我们的基因之中。"②大量心理成长的研究表明,孩子需要有自治的意识。这对于从其父母或已故孩子那里克隆出来的克隆人来说非常困难。尽管克隆人可能不相信基因决定的说法,但被克隆的生活将会一直萦绕于克隆人,对于克隆人的生活造成不适当的影响,并以一种其他人不会遭遇的形式形塑克隆人。③生殖性克隆通过复制他人的基因而克隆孩子,使得克隆孩子像工厂的产品一样,被有计划地设计与生产出来,故意创造一个基因与其他人相同的孩子对宪法上人的主体性和独特性价值构成挑战。

生殖性克隆还会影响克隆孩子的自我印象,涉嫌侵犯其面向未来开放的权利。一个人的基因组对其未来影响的未知,对于自发、自由而真实地建构自己的生活和自身,是必不可少的。克隆人影响了孩子面向未来开放的权利。④生殖性克隆会导致个人私密信息的泄露,这可能会威胁到其自我印象。根据人们对基因测试反应的研究,对于自己基因信息的知晓会损害人的自我印象。⑤

宪法学必须要回答,基因独特性是否为宪法上人的尊严的必要组成部分,克隆人技术是否侵犯了宪法上人的尊严。宪法上人的尊严价

① See, e.g., National Bioethics Advisory Commission, Cloning Human Beings, 1997, pp.52—74.

② Leon Jaroff, The Gene Hunt, TIME, Mar.20, 1989, p.217.

③ Charles C.Mann, Behavioral Genetics in Transition, 264 SCIENCE 1686, 1994, p.1686.

④ See, e.g., Dena S.Davis, Genetic Dilemmas and the Child's Right to an Open Future, 28 RUTGERS L.J. 549, 1997.

⑤ Francis C.Pizzulli, Note, Asexual Reproduction and Genetic Engineering: A Constitutional Assessment of the Technology of Cloning, 47 S.CAL.L.REV. 476, 1974, p.512.

值具有抽象性,人的尊严到底包括哪些内容,判定是否侵犯了人的尊严的方法有哪些,在宪法学上并没有达成基本共识。即使在德国,人的尊严也被批评囊括的内容过于宽泛。在克隆人技术领域,伦理层面的人的尊严与宪法上的人的尊严交织在一起,如何在宪法规范层面形成具有说服力的关于人的尊严的判断标准面临挑战。

三、克隆人技术对社会与家庭秩序的冲击

克隆人技术对宪法上的社会秩序和家庭关系带来冲击。在社会秩序方面,克隆人技术可能会被滥用。生殖性克隆可能会带来人类个体的商品化。波士顿学院的神学家丽莎·卡希尔(Lisa Sowhill Cahill)指出生殖性克隆可能会导致人的基因的商品化,也会导致对人类基因的操纵。①生殖性克隆会让社会逐渐认为孩子是一种可批量制作的产品,克隆人被制造的目的可能仅仅在于医疗用途。②有些想追逐"长生不老"的人可能会通过克隆孩子寻求需要移植的人体器官,使得克隆孩子成为人类器官的储存器。此外,克隆人的基因构成会被人提前知晓,由此克隆人可能受到非难或歧视。

生殖性克隆对个体概念的侵蚀会影响整个社会关于"人"的观念的变革,进而会冲击传统的社会观念与社会结构。学者弗朗西斯·C.比萨指出:对于自己或他人,具有被提前决定的基因身份,其隐私与自主会被严重削减。克隆技术可能会通过侵蚀个性概念而扩大对社会的影响,而个性概念是隐私与自主观念的核心。克隆除了会削弱个体的自由意志外,还会削弱那些致力于培育个人自主及禁止对个体进行强制操纵的社会结构与政治制度。③

生殖性克隆复制人类基因,会对人类基因的多样性构成威胁。克

---

① See Kenneth L. Woodward, Today the Sheep. Newsweek, Mar.10, 1997, p.60.

② Philip Elmer-Dewitt, Cloning: Where Do We Draw the Line? TIME, Nov.8, 1993, p.65.

③ Francis C. Pizzulli, Note, Asexual Reproduction and Genetic Engineering: A Constitutional Assessment of the Technology of Cloning, 47 S.CAL.L.REV. 476, 1974, p.498.

隆人的前景引发了其对社会整体影响的诸多关切。克隆可能会影响到进化,因为它会提升基因的单一性,使得人类对于将来的某些疾病没有抵抗力。华盛顿大学的生物学家乔治·约翰逊(George Johnson)教授指出:"基因多样性是我们应对不确定未来的首要防御。剥夺基因多样性,哪怕是部分的,也会威胁到我们的物种。"[1]遗传的适应性使得人类能够生存,生产基因相同的人会威胁到人类。尽管存在上述危险,也有观点认为,如果克隆人被限制在极少数情形下,那么人类的进化不会受到影响,其对人类基因库的影响也不会高于自然生育的双胞胎对人类基因库的影响。[2]

在家庭秩序方面,根据传统观念,男女结合生育孩子、繁衍后代是他们缔结婚姻、构建家庭的核心目的之一,而克隆人对于婚姻与家庭在营造生育环境的重要地位上构成重要冲击。生殖性克隆会改变传统上对于父母子女关系的认定,克隆人是供体基因的复制,克隆人与供体的关系与传统意义上父母子女的关系不同,其不具有在遗传学上的继承性,这可能会导致代际关系的混乱,对宪法保障的伦理秩序构成冲击。在家庭关系中,生殖性克隆产生的克隆孩子会更像物而不是人,因为克隆孩子是被设计和生产出来的产品。此外,在有些特殊情况下,生殖性克隆产生的孩子可能会面临不合理的期待。宪法应如何应对克隆人技术对宪法保护的社会秩序和家庭关系的冲击是宪法学界必须面对的问题。

总之,克隆人技术的发展给宪法带来了冲击和挑战,也为宪法(学)的发展带来了机遇。如何通过宪法为克隆人技术研究确立界限,保护生命和人的尊严价值,并在冲突的宪法价值中寻求合理的平衡是无法回避的宪法命题。

---

　　[1]　See George B.Johnson, Editorial, What Rights Should a Cloned Human Have? ST.Louis POST-DISPATCH, Mar.20, 1997, at B7.

　　[2]　Max Bader, Editorial, Threats from Cloning Shouldn't Be Overstated, PORTLAND OREGONIAN, Mar.9, 1997, at G5.

第二章

克隆人技术立法宪法规制的必要性

第一节　法律规制与宪法规制

法律规制是立法者通过国家立法确立规制,为人们的行为提供指引。宪法规制是指通过宪法指引和约束国家的立法、司法和行政行为,以确保宪法价值的实现。在以宪法为最高法的法律秩序中,所有的立法行为都必须接受宪法的拘束,并寻求与宪法价值的协调。法律规制是立法约束人们的行为,而宪法规制是对立法的约束,其目的在于保证立法者的法律规制符合宪法要求。在宪法秩序中,立法者的立法权是经由宪法授予的。立法者行使立法权体现为立法者的宪法职责和义务。立法者制定违反宪法的法律是无效的。

宪法规制是由宪法的根本性和最高性决定的。在一个国家的法律体系中,宪法处于根本法地位。宪法规定国家事务中的根本性和基础性问题,具有最高的法律效力。作为国家的根本法和最高法,宪法拘束和限制国家立法、行政与司法权的行使。法律规制尽管具有合法性和规范性,能够暂时为人们的行为提供确定性指引,但法律规制并不具有最高性,其本身需要接受宪法的检验,即法律规制本身需要接受宪法规制。宪法作为法律的上位规范,无论在形式上还是在内容上,都对法律规制本身提出了要求。一般而言,在民主法治社会中,立法者遵循民主立法程序制定的法律往往具有正当性,其违宪的可能性也是比较小的,对于立法往往予以合宪性推定。但这并不意味着所有的立法都是合乎宪法的,尤其是在存在激烈争论的规制领域,立法规制往往会涉及对一方利益的剥夺,有时会对公民的基本权利构成过度限制,这时宪法规制的必要性尤为明显。

第二节 克隆人技术立法规制现状

各国克隆人技术立法规制呈现出不同的特点,但总体上,无论对于生殖性克隆的立法规制,还是对于治疗性克隆的立法规制,都主要包括刑法规制和行政法规制两类规制方式。

一、生殖性克隆的立法规制

(一)刑法规制

在生殖性克隆方面,各国通过议会立法对其予以禁止是较为普遍的做法。目前至少有 30 个国家的立法规定对违法从事生殖性克隆的行为予以刑罚处罚。这些国家遍布欧洲、亚洲、美洲、非洲和大洋洲。[①]对生殖性克隆的刑罚处罚一般都以有期徒刑为主,刑期在 3 个月至 30年之间,并单处或并处罚金。有的国家同时规定违法者在一定时期内不得担任公职。各国针对生殖性克隆的刑罚处罚主要体现在普通刑事立法、胚胎保护、人工辅助生殖技术、医学研究和克隆人技术等立法领域。

第一,普通刑事立法领域。普通刑事立法领域对生殖性克隆予以刑罚规制的代表性国家有匈牙利、法国和西班牙等。1978 年匈牙利《刑法典》第 173 条 G 款规定:"任何人在实验研究或医疗过程中产生基因相同的人类个体,构成重罪,可判处 5 到 10 年有期徒刑。"法国《刑

---

① 世界各国克隆人技术立法的相关法条是在 2008 年国际伦理委员会克隆人报告的基础上整理而成,Report of Ibc on Human Cloning and International Governance, at http://portal.unesco.org/shs/es/files/12828/12446291141IBC_Report_Human_Cloning_en. pdf/IBC+Report+Human+Cloning_en.pdf(last visited March 20, 2015)。

法典》第 214 条第 2 款规定："生殖性克隆构成'反人类罪'。可处 30 年有期徒刑并处 750 万欧元罚金。"萨尔瓦多 1998 年实施的《刑法》第 140 条规定："任何以产生人类为目的而对人类细胞进行克隆实验与操作的人,可判处 3 至 6 年有期徒刑。"哥伦比亚 2000 年公布的《新刑法典》第 133 条规定："通过克隆或其他方式生产相同人类的任何人,可判处 2 到 6 年有期徒刑。"爱沙尼亚 2001 年《刑法典》在第 130 章有关"胚胎相关的禁止行为"中规定："克隆人或产生人类混合物或人类嵌合体,可处罚金或 3 年以下有期徒刑。"西班牙 2003 年《刑法典》第 160 条规定："对于非基于引导怀孕为目的而使得卵子受精的任何人,可判处 1 到 5 年有期徒刑,并取消其 6 到 10 年担任公职的资格。克隆产生相同的人或从事其他人种筛选活动,受相同处罚。"斯洛伐克 2005 年修订的《刑法典》第 246 条 a 款规定："任何试图产生一个与其他人(无论生死)基因相同的人,无论处于任何阶段,可判处 3 至 8 年有期徒刑、罚金及禁止职业活动。"

第二,胚胎保护的立法领域。胚胎保护的立法领域中对生殖性克隆予以刑罚规制的代表性国家为德国、荷兰、比利时和芬兰等。德国 1990 年通过《胚胎保护法》,该法第 6 节规定了"克隆",其第 1 条规定："人为导致人类胚胎发展成与其他胚胎、胎儿、人类个体或已故的人具有相同遗传基因的任何人,最高可判处 5 年有期徒刑或罚金。"该法第 2 条规定："将第 1 条所指的胚胎转移到妇女体内的任何人,也受同等处罚。"因此,德国刑法禁止对人类胚胎的克隆,同时也禁止将克隆胚胎转移到妇女体内。荷兰 2002 年实施的《胚胎法》第 24 条规定："禁止以产生基因相同的人类个体为目的对配子或胚胎进行操纵";第 28 条规定："任何人实施违反本法第 24 条规定的禁止条款,可判处 1 年以下有期徒刑或第四类罚金。"比利时 2003 年通过的《试管胚胎研究法》第 6 条规定："禁止克隆人";第 13 条规定："任何人实施了违反第 3、4、5、6 条的禁止行为,可判处 1 至 5 年有期徒刑,可并处 1 000 至 10 000 欧元的罚金。"

第三,人工辅助生殖技术立法领域。人工辅助生殖技术立法领域对生殖性克隆予以刑罚规制的代表性国家有冰岛、意大利、加拿大和葡萄牙等。冰岛 1996 年《人工授精法》第 2 条规定："禁止从事克隆人。"第 14 条规定："违反本法可判处罚金或 3 个月以下有期徒刑。"意大利 2004 年实施的《医学辅助生殖法》第 13 条第 3 款禁止基于生育或研究目的进行克隆。根据第 13 条第 4 款，违法者可判处 2 至 6 年有期徒刑并处 50 000 到 150 000 欧元的罚金。加拿大议会 2004 年 3 月 29 日通过的《人工辅助生殖及相关研究法》第 5 条规定："任何人不得故意：(a)运用任何技术生产克隆体或将克隆体转移到人体、非人类生命体或人工装置之中。(b)除生育人类、改进或指导人工辅助生殖过程，故意生产试管胚胎。(c)基于产生人类个体为目的，通过从胚胎、胎儿提取细胞或细胞的一部分创造胚胎，或将此类胚胎转移到人体内。"该法第 60 条规定："任何人违反本法第 5 条至第 7 条或违反第 9 条构成犯罪并且(1)依公诉程序定罪，可判处不超过 50 万美元罚金或 10 年以下有期徒刑，或并罚；(2)依简易程序定罪，可判处不超过 25 万美元罚金或 4 年以下有期徒刑，或并罚。"葡萄牙 2006 年《关于医疗辅助生殖法》第 7 条规定："禁止克隆人，因为其意图产生与他人基因相同的人。"第 36 条规定："1.将通过核移植产生的胚胎转移到子宫内的行为，除非这一技术被用于医疗辅助生殖，否则可判处 1 至 5 年有期徒刑；2.将通过胚胎分裂产生的胚胎进行移植的，处同样刑罚。"新西兰 2004 年实施、2007 年修订的《人工辅助生殖技术法》在附表 1 中规定要禁止的行为包括：以生育为目的，人工形成克隆胚胎；将克隆胚胎植入人体；将从胎儿获取的配子植入人体，或将从胎儿获取的一个或多个配子形成的胚胎植入人体。第 8 条规定，"任何人实施附表 1 规定的行为，构成犯罪"；"违反本法构成犯罪的任何人，可被控告 5 年以下有期徒刑、20 万美元以下罚金，或并罚"。突尼斯 2001 年《生殖医学相关法》第 8 条规定："严厉禁止通过克隆技术方法从事生殖。"违法者可判 5 年有期徒刑及 10 000 第纳尔(伊拉克等国的货币单位)罚金。

第四，医学研究立法领域。医学研究立法领域对生殖性克隆予以刑罚规制的代表性国家有以色列、芬兰和挪威等。以色列 1998 年《禁止基因干预法》第 3 条规定："在法律实施时期内,任何人都不得基于克隆人的目的而从事人体细胞干预。"第 26 条规定："任何以产生克隆人为目的而从事的研究,由于非法干预人类基因组,可判处罚金或 2 年以下有期徒刑。"芬兰 1999 年实施、2004 年修订的《医学研究法》第 13 条规定："用于研究的胚胎不得被转移到人体内。"第 26 条规定："任何以产生克隆人为目的而从事的研究,构成非法干预人类基因组,可判处罚金或 2 年以下有期徒刑。"挪威 2003 年实施、2007 年修订的《人类医学中运用生物技术法》第 3 条第 5 款规定,禁止通过克隆技术生产人类胚胎;第 7 条第 5 款规定："任何违反本法的人可判处罚金或 3 个月以下有期徒刑。共犯也受此处罚。"

第五,克隆人技术专门法。通过专门的人类克隆法对生殖性克隆予以刑法规制的代表性国家包括日本、英国和澳大利亚。比如,1997 年克隆羊多莉诞生以后,日本立即表明其反对克隆人的立场。①日本 2000 年《克隆人及其他相关技术规制法》第 3 条规定："禁止任何人将人体细胞的克隆胚胎、人与动物的融合胚胎、人与动物的混合胚胎或人与动物的嵌合体胚胎,植入人或动物的子宫内。"第 16 条规定："任何人违反第 3 条的规定可被判处 10 年以下有期徒刑、1 000 万日元罚金,或并罚。"英国 2001 年通过《人类克隆法》禁止生殖性克隆,第 1 条规定："任何人将通过受精之外的方式产生的人类胚胎植入妇女体内构成犯罪。任何违法者可被控告 10 年以下有期徒刑或罚金,或并罚。"新加坡 2004 年《禁止克隆人及其他行为的法律》第 5 条规定："禁止任何人将

____

① 1997 年克隆羊诞生以后,日本立即表明反对克隆人的立场,并设置生命伦理委员会,积极开展探讨制定生物技术伦理规范的工作。1999 年底科学技术会议生命伦理委员会汇编的《以克隆技术产生人类个体之基本见解报告书》重申了日本政府反对克隆技术制造人类个体的基本态度。生命伦理委员会根据该报告的结论于当年 12 月发布"有关克隆人个体之产生"声明,并明确宣示:为使人类免于走向物种化、工具化,并遵从宪法保障人权、维护家庭社会秩序之意旨,以及鉴于卫生安全性等问题,对于利用成人体细胞核移植技术制造人类个体的克隆人研究,应制定法律以刑罚加以处罚。此外,利用人类与动物的精子或卵子相互杂交以制造异种杂交胚胎的行为,亦严重侵犯人的尊严,混淆人种与种种的区别,对于此种行为,应当接受刑罚处罚。参见黄丁全:《医疗 法律与生命伦理(第二版)》,法律出版社 2007 年版,第 526—527 页。

人的克隆胚胎植入人体或动物体内。"第 18 条规定:"任何人,违反本法第 5 条构成犯罪,可判处 10 万美元以下罚金或 10 年以下有期徒刑,或并罚。"巴拿马 2004 年《关于禁止所有形式的克隆及其他规定》第 1 条规定:"禁止对克隆人的实验、研究和实施予以推动和资助,禁止对其运用公共或私人资金,禁止生产人类胚胎以根据 DNA 结构对人类进行生物克隆。"第 3 条规定:"任何违反本法规定的人,将被判处 100 万巴拿马币的罚金。"巴拿马 2007 年实施、2008 年修订的《刑法典》第 45 条规定:"非基于生育目的使卵子受精的任何人,可判处 6 至 10 年有期徒刑。任何人,通过克隆或其他方法进行基因操纵以产生基因相同的人,可加处上述最高刑的一半。"澳大利亚 2002 年通过、2006 年修订的《禁止生殖性克隆法案》第 9 节规定:"任何人故意将克隆的人类胚胎植入人体或动物体内,构成犯罪。"根据该法规定,上述犯罪最高可判处 15 年有期徒刑。智利 2006 年通过的《人类与人类基因组的科学研究与禁止克隆人法》第 5 条规定:"该法禁止基于任何目的或通过任何方法从事克隆人。"根据该法第 17 条,任何人从事克隆人的犯罪,可被判处有期徒刑,并禁止其从事相关职业。

第六,生物伦理等其他立法领域。生殖性克隆的刑法规制还体现在生物伦理和国民卫生立法等领域。比如,韩国 2005 年实施、2008 年修订的《生物伦理与安全法》第 11 条规定:"1.禁止任何人将体细胞克隆胚胎植入子宫、将克隆胚胎留在子宫或将体细胞克隆胚胎植入子宫导致怀孕后使其出生。2.禁止任何人招致或辅助第 11 条第 1 款所界定的行为。"第 49 条规定:"任何人,违反第 11 条第 1 款而将体细胞克隆胚胎植入子宫、将克隆胚胎留在子宫或将体细胞克隆胚胎植入子宫导致怀孕后使其出生,可判处 10 年以下有期徒刑。"巴西 2005 年《生物安全法》第 6 条规定:"禁止克隆人";第 26 条规定:"从事克隆人可判处 2 至 5 年有期徒刑,并处罚金。"南非 2004 年《国民卫生法》规定:"禁止任何人(a)操纵遗传物质,包括配子、受精卵和胚胎遗传物质;(b)从事核移植与胚胎分裂。"该法同时规定,"任何人违反本条规定,或未遵守相关规定,构成犯罪,可判处罚金或 5 年以下有期徒刑,或并罚"。

（二）行政法规制

生殖性克隆立法规制方面，有的国家尽管采取禁止的态度，但没有选择通过刑法对违法者予以处罚，而是通过行政法规制方式对违法从事生殖性克隆的行为予以处罚。行政法的处罚主要包括警告、罚款、撤销职业许可等。这方面比较典型的是我国。我国 2001 年实施、2003 年修订的《人类辅助生殖技术规范》明确规定，禁止克隆人。违反本法从事生殖性克隆的可给予罚款等行政处罚。此外，科索沃 2004 年《卫生法》第 111 条规定："禁止克隆人"。对于从事生殖性克隆的行为一般处 500 欧元至 1 000 欧元罚款（第 119 条第 3 款）。

二、治疗性克隆的立法规制

（一）刑法规制

在治疗性克隆领域，各国规制存在较大差异，由于治疗性克隆在治疗疾病方面存在广阔前景，有些国家在法律上允许从事治疗性克隆，但也有一些国家基于保护胚胎生命和人的尊严而禁止治疗性克隆，并对违法者予以刑罚处罚。比较有代表性的国家包括德国、澳大利亚和加拿大。德国 1990 年通过的《胚胎保护法》第 6 节第 1 条规定："人为导致人类胚胎发展成与其他胚胎、胎儿、人类个体或已故的人具有相同遗传基因的任何人，可判处 5 年以下有期徒刑或罚金。"第 7 条规定："禁止：1.将胚胎与其他不同的基因物质进行结合以产生细胞团，其中至少运用了一个人类胚胎；2.运用该胚胎细胞之外的细胞的基因信息以产生一个胚胎细胞；违反者可判处 5 年以下有期徒刑或罚金。"澳大利亚 2002 年通过、2006 年修改的《禁止生殖性克隆法案》第 22 节规定："任何人从事如下行为构成犯罪：(a)故意通过精卵结合成受精卵之外的方式产生人类胚胎或发展此类胚胎；(b)未经授权许可，生产和培养人类胚胎。违法者最高可处 10 年有期徒刑。"加拿大议会 2004 年 3 月 29 日通过的《人工辅助生殖及相关研究法》第 5 条第(1)款规定："任何人不得故意：(a)运用任何技术生产克隆体或将克隆体转移到人体、非人类生命体或人工装置之中；(b)除生育人类、改进或指导人工辅助生殖过程,故意生产试管胚胎;(c)基于产生人类个体为目的,通过从胚胎、胎儿提取细胞或细胞的一部分创造胚胎,或将此类胚胎转移到人体内。"第60条规定:"任何人违反本法第5条至第7条或违反第9条构成犯罪并且(1)依公诉程序定罪,可判处不超过50万美元罚金或10年以下有期徒刑,或并罚。(2)依简易程序定罪,可判处不超过25万美元罚金或4年以下有期徒刑,或并罚。"①根据捷克共和国2006年4月26日通过的《人类胚胎干细胞研究法》第209条b款的规定,任何人非基于移入妇女体内的目的通过干预导致人类胚胎的产生,可判处3年以下有期徒刑。根据芬兰1999年实施、2004年修订的《医学研究法》第13条规定,禁止基于研究目的而生产胚胎。该法第25条规定:"任何人未获得第11条的许可或违反第11条、第13条的限制规定而从事胚胎研究,构成非法干预人类基因组,可判处1年以下有期徒刑或罚金。"

此外,在允许治疗性克隆的国家,有的国家也对违法行为予以刑罚处罚。比如,英国1990年通过的《人类受精与胚胎法》尽管允许治疗性克隆,但对未经许可从事治疗性克隆构成犯罪者,可处10年以下有期徒刑,单处或并处罚金。

(二)行政法规制

治疗性克隆技术的立法规制主要以行政法规制为主。对治疗性克隆采取允许态度的国家一般都通过行政法对其加以严格监管,其中,比较典型的国家是英国。英国1990年通过的《人类受精与胚胎法》允许治疗性克隆,但同时规定克隆胚胎与其他胚胎的生产和研究一样,需要接受严格的监管,主要体现在两个方面。

第一,胚胎的制造、使用需要经过许可。根据《人类受精与胚胎法》第3条规定,任何人未获得许可证不得制造、保存和使用胚胎。胚胎原条出现以后,不得授权保留或使用胚胎。不得将胚胎植入动物体内。

---

① Government of Canada, Justice Laws Website, at http://laws-lois.justice.gc.ca/PDF/A-13.4.pdf(last visited March 16, 2015).

第二,胚胎的研究需要符合法定的目的。根据《人类受精与胚胎法》附录 2 的"研究许可证"第 3 部分的规定,管理局只有认为胚胎研究是基于如下必要、可取的目的才会授予许可:其一,推进对不孕的治疗;其二,增加先天疾病产生原因的知识;其三,增加流产产生原因的知识;其四,发展更有效的避孕方法;其五,发展检测着床前胚胎中基因和染色体出现异常的方法;其六,条例规定的其他此类目的。并且,要求授权许可的研究项目能增加关于胚胎与疾病的产生与发展的知识,或能推进此类知识的运用。除非管理局确信对于胚胎的计划使用,对于研究目标来说是必要的,否则不予许可。除英国之外,有的国家立法明确规定用于研究的克隆胚胎的发育不得超过 14 天。新加坡 2004 年《禁止克隆人及其他行为的法律》第 7 条规定:"禁止任何人致使精卵受精之外的方式产生的胚胎发育超过 14 天,排除胚胎发育的中止时期。"

第三节　克隆人技术立法面临的宪法问题

一、克隆人技术立法未达成社会价值共识

　　面对克隆人技术带来的问题,学界对于应否立法禁止克隆人技术在哲学、伦理、科学、医学、宗教和法律等多个领域产生了广泛争论,[①]并形成了观点截然对立的双方。比如,在应否立法禁止生殖性克隆方面,支持的一方认为应当禁止生殖性克隆,因为当前生殖性克隆技术不成熟,存在安全问题,克隆孩子可能有很多先天性生理缺陷;生殖性克隆侵犯人的尊严;生殖性克隆使得人扮演了上帝的造人角色,这是对上帝的亵渎;生殖性克隆产生的孩子的身份难以认定,无法纳入现有的伦理体系;生殖性克隆需要一方的基因生育孩子,对现有的社会关系、家庭结构造成破坏;生殖性克隆破坏人类基因的多样性;生殖性克隆孩子

---

　　① ［法］亨利·阿特朗等:《人类克隆》,依达、王慧译,社会科学文献出版社 2003 年版;甘绍平:《克隆人:不可逾越的伦理禁区》,载《中国社会科学》2003 年第 4 期。

可能存在心理缺陷;生殖性克隆存在被滥用的风险。而反对的一方针锋相对的观点为:生殖性克隆在技术上的不成熟早晚能够解决;生殖性克隆产生的孩子尽管基因与他人相同,但由于后天在不同的环境中成长,具有独特性,因此没有侵犯人的尊严;基于宗教的理由反对生殖性克隆对于不信仰宗教的人并没有说服力;克隆孩子的身份可以通过法律认定,并非完全依赖于生物学基础;生殖性克隆的运用范围可被控制,不会对社会关系、家庭结构或人类基因的多样性造成破坏;没有证据证明生殖性克隆的孩子会存在心理缺陷;生殖性克隆被滥用的风险可以通过法律规制来预防,没有必要完全禁止。此外,生殖性克隆能为不孕不育的夫妇提供一个基因相关的孩子,弥补没有孩子的缺憾;生殖性克隆属于科学研究,科学无禁区等。在应否立法禁止治疗性克隆方面,支持的一方认为应当立法禁止治疗性克隆,因为治疗性克隆涉及对胚胎生命的损害。并且,胚胎的移植技术在当前人工辅助生殖技术领域已经被广泛运用,技术上已经成熟。允许治疗性克隆必定难以达到禁止生殖性克隆的目的。而反对的一方认为治疗性克隆研究有助于治疗诸多人类疾病,如果对其加以严格的立法控制并不会导致生殖性克隆孩子的出现。上述克隆人技术立法的争议与宪法的关系极为密切,各国在克隆人技术立法规制过程中,无论是理论上还是实践中都面临着来自宪法上的挑战。

二、克隆人技术立法的合宪性遭到质疑

各国克隆人技术立法在学界引发了宪法争议,尤其是针对生殖性克隆的立法,在宪法学界出现了两种截然对立的观点。[1]支持禁止生殖性克隆的一方从尊重生命权和人的尊严的宪法价值出发,认为生殖性克隆研究与人的尊严、后代的基本权利、生命权等均有抵触,故而应予以禁止。[2]反对的一方对于禁止生殖性克隆立法的宪法正当性提出了

---

[1]　孟凡壮:《立法禁止克隆人的合宪性之争》,载《云南大学学报(法学版)》2011 年第 5 期。

[2]　韩大元:《论克隆人技术的宪法界限》,载《学习与探索》2008 年第 2 期。

挑战。比如,在禁止生殖性克隆所秉持的人的尊严的价值基础方面,有的学者撰文予以质疑,认为生物个体成长不是完全由基因决定的,还受后天环境的影响,生殖性克隆只是在非常有限的方面干预了人的个体性与其独立身份。①另外一种质疑的主张是从宪法保障的自由权角度出发,认为从生育孩子的结果来看,生殖性克隆与通过传统的生育方式和人工辅助生殖技术生育的孩子并没有本质的不同,禁止生殖性克隆显然侵犯生育自由。如果从科研自由的角度出发,从事生殖性克隆研究是一种科学研究活动,立法禁止克隆人也涉嫌侵犯科学研究自由。此外,在治疗性克隆立法领域,也遭受到来自宪法的挑战,尤其是针对允许治疗性克隆的立法,有观点认为这一立法违反了国家立法者保护胚胎生命的宪法义务,侵犯了宪法上的生命权。这些来自宪法上的挑战,意味着克隆人技术的立法需要充分考量其合宪性。对克隆人技术立法予以宪法规制有助于维护克隆人技术立法的合宪性基础。

三、克隆人技术立法存在违宪问题

克隆人技术立法的宪法问题不仅仅体现在理论层面上对克隆人技术立法的合宪性质疑,还体现在实践层面上某些克隆人技术立法对宪法基本原则的违反。克隆人技术立法过程中存在违反法律保留原则、民主参与原则、法律明确性原则和比例原则等宪法原则的现象。以我国克隆人技术立法为例,我国对于克隆人技术的规制主要体现于卫生部与科技部的部门规章,立法层级太低,违背宪法上的法律保留原则。克隆人技术立法过程中民主参与原则也没有得到贯彻。我国 2003 年制定的《人胚胎干细胞研究伦理指导原则》就存在概念界定模糊、立法过程中民主参与不够等问题。②

---

① R.George Wright, Second thoughts: How human cloning can promote human dignity, 35 Val.U.L.Rev.1., 2000.

② 邱仁宗:《评〈人胚胎干细胞研究伦理指导原则〉》,载《医学与哲学》2004 年第 4 期。

第四节　克隆人技术立法宪法规制的功能与特点

一、克隆人技术立法宪法规制的功能

（一）对克隆人技术立法的合宪性控制功能

通过宪法规制立法权的行使,是立法权统一性的基本要求。一国应有一部宪法作为行使立法权和制定法律的准绳。[①]国家立法行为必须接受宪法规范的限制与约束。国家立法权的存在以宪法为规范基础。克隆人技术立法作为国家立法权的具体行使,需要接受宪法价值的指引和拘束。在克隆人技术立法的方向、程序和内容方面应符合宪法的基本要求。

在克隆人技术立法的整体方向上,通过宪法价值的指引,能够为立法确立合宪性方向。生殖性克隆对于宪法上的生命权和人的尊严价值构成重大冲击,其合法性基础比较脆弱。在生殖性克隆的立法方向方面,基于对生命和人的尊严价值的考虑,支持禁止克隆人的主张具有压倒性优势,但也存在诸多不同主张,尤其是在基于个体主义建构的自由宪政秩序中,自由权的主张对禁止生殖性克隆的立法提出了严峻挑战。在治疗性克隆的立法方向上,出现了重大分歧。支持的一方认为从保障胚胎生命的角度出发,应禁止治疗性克隆;反对的一方认为应当基于公民健康和治疗的目的允许治疗性克隆。其中,反对禁止治疗性克隆的主张占有一定的优势。在具体的宪法秩序中,需要通过宪法价值的衡量为立法方向提供指引。

克隆人技术立法程序应遵循宪法的基本原则。比如,以美国为例,宪法对克隆人技术的立法主体提出了要求,即涉及公民基本权利的限制应通过议会立法来加以规制。通过议会行使立法权并不意味着对民主参与的否定。立法权由国家立法机关统一行使并不说明其他个人或

[①]　戚渊:《立法权概论》,载《政法论坛》2000 年第 6 期。

团体不可以不同程度地参与立法。①立法过程的民主参与原则作为宪法的基本原则要求克隆人技术的立法过程中,需要保障民主参与,吸纳不同的意见。宪法在立法程序上对克隆人技术立法的指引能够保障立法的科学性和民主性,进而确保克隆人技术立法程序的合法性与合宪性。

在克隆人技术立法的内容方面,随着克隆人技术的发展,宪法保护的价值受到越来越多的冲击,并且这一冲击具有根本性,其直接介入人的生命产生的过程,对人的主体地位构成重大挑战。并且,克隆人技术的研发与应用不仅涉及人的生命和尊严,还涉及科研自由、生育权等公民的基本权利。在克隆人技术的立法过程中,这些基本权利之间发生了剧烈冲突。如何在迅猛的克隆技术发展中保障人的主体性地位并妥善协调基本权利的冲突,首先体现为国家立法者的宪法义务,立法者需要通过立法确立克隆人技术的界限,为科研人员和相关的医疗人员提供确定性的规范指引。在克隆人技术领域,立法保护某些基本权利的同时会对其他基本权利构成限制。对此,宪法要求克隆人技术立法应遵循明确性原则和比例原则等宪法的基本原则。宪法作为国家法秩序的最高规范,对克隆人技术立法予以合宪性控制,有助于确保克隆人技术立法贯彻尊重和保障生命与人的尊严的宪法义务,同时有助于合理协调冲突的宪法价值。

(二)对社会价值的整合功能

任何立法决定背后的价值观念互相之间都存在冲突,并在相互之间构成了对对方的制约,从而形成了各种价值观的冲突。②对于克隆人技术立法而言,不同的社会价值观的冲突尤其明显。不同的社会群体对克隆人技术存在不同的价值观念。比如,多数宗教团体对于克隆人技术持反对态度,而科研群体对于克隆人技术往往持支持立场。即使在同一个社会群体内部的不同个体之间都存在相互冲突的价值立场。

①　戚渊:《立法权概论》,载《政法论坛》2000年第6期。
②　李忠夏:《作为社会整合的宪法解释——以宪法变迁为切入点》,载《法制与社会发展》2013年第2期。

在宗教、科研、医学、伦理、哲学和法学等诸多领域,对于克隆人技术立法都存在不同价值观的交织。即使通过立法程序对于克隆人技术的相关研究进行了规制,将某些群体的价值观法律化,限制了特定群体价值主张的实现,也难以形成各群体之间的价值共识。尤其在立法中处于少数地位的群体,其价值观难以转化为立法规定,也很难对由多数人决定的克隆人技术立法形成价值上的认同。这意味着难以在克隆技术立法规制层面形成社会价值共识。

宪法文本之中凝聚着社会价值共识。宪法本质上是由不同的利益主体进行妥协的产物,反映了利益主体的共同意志。[①]通过民主的立宪程序,人民的意志统一到宪法文本,为国家权力的行使和社会价值的整合提供了标准。通过宪法对克隆人技术立法进行规制,有助于通过宪法价值整合不同群体之间针对克隆技术的认识,为形成更为广泛的社会价值共识提供空间。在宪法规制克隆人技术立法的过程中要求广泛的民主参与,不同群体之间通过价值观的相互碰撞与妥协,实现一定的价值共识。并且,宪法文本具有开放性和包容性,其承载着多元价值。有关克隆人技术的不同社会价值观,都能够在宪法文本上找到一定的规范支持。这样一来,可以通过宪法解释的方法和技术对不同的价值主张进行宪法上的衡量,从而确立应当优先保护的社会价值。比如,支持克隆人技术研究的价值观可以在宪法文本上的科学研究自由条款、国家保护公民健康权的条款等宪法规范上寻求其正当性,而反对克隆人技术研究的主张可以从宪法上的生命权、人的尊严等条款中寻求其宪法规范上的支持。这样一来,不同的社会价值之间的冲突问题就会转化为基于宪法文本的基本权利冲突问题,进而可以通过宪法上解决基本权利冲突问题的相关方法得以协调和解决。因此,通过宪法规制克隆人技术立法的过程,也是将有关克隆人技术的不同的社会价值观融合到宪法文本的价值体系之中进行整合的过程。

值得一提的是,宪法文本对于克隆人技术的不同社会价值观的整

---

① 韩大元:《论宪法权威》,载《法学》2013 年第 5 期。

合过程,本身也是宪法文本与克隆人技术发展这一社会现实的互动过程。在这一过程中,宪法规范通过宪法解释得到进一步的体系化,能够不断强化其调整变迁中的社会现实的能力,并在与社会变迁的互动中不断推进宪法本身的发展与变迁,从而确保宪法规范面向现代科技发展的稳定性、适应性和开放性。

二、克隆人技术立法宪法规制的特点

克隆人技术立法的宪法规制,作为对科技发展领域立法的宪法规制,具有自身的特点,主要体现在如下几个方面:

(一)系统性

宪法对于克隆人技术立法的宪法规制具有系统性。在观念上,通过宪法理念引导立法的方向;在程序上,确立立法过程应当遵循的宪法规范和原则;在内容上,确保克隆人技术立法内容符合宪法的要求。

首先,在观念上,宪法对于克隆人技术立法的规制是理念先行的。在确立克隆人技术立法基本方向的过程中,宪法价值起到引导和约束的作用。在国家和社会的价值体系中,宪法具有最高的权威。[1]宪法价值对于克隆人技术立法方向的引导,是宪法拘束国家立法的重要体现,也是宪法权威在立法过程中的体现。其次,在程序上,宪法规制贯穿于克隆人技术立法的整个过程。克隆人技术立法的宪法规制具有前瞻性。克隆人技术立法与其他类型的立法具有显著不同,这一立法涉及的克隆人技术的发展是迅猛的,可谓一日千里。面对这一迅速发展的技术,立法需要及时予以调整,但立法的应对具有预测性和不确定性。克隆人技术立法涉及重要的宪法价值,在立法上若出现重大疏忽,往往具有难以挽回的后果。因此,对于克隆人技术的相关立法的宪法规制不应仅仅依赖于事后的合宪性审查,而是要在克隆人技术立法的过程中,就要发挥宪法的规制功能,在立法的基本方向上引入宪法考量,在立法过程中将克隆人技术对宪法价值的冲击风险降到最低。最后,在内容

---

①   韩大元:《论宪法权威》,载《法学》2013 年第 5 期。

上，克隆人技术立法制定以后，宪法的规制体现在合宪性审查方面。克隆人技术的立法不仅要符合宪法上的程序性基本原则，在内容上还需要符合宪法上的明确性原则和比例原则等宪法要求。

（二）开放性

宪法对于克隆人技术立法的规制不是封闭保守的，而是具有开放性的特点。宪法对克隆人技术立法规制的开放性至少体现在如下几个方面：第一，宪法规制能够为克隆人技术立法留有开放空间。基于宪法规范的价值体系，宪法能够为克隆人技术立法提供合宪性指引，但宪法对克隆人技术立法规制并不是僵化死板的，不会涉及克隆人技术的方方面面，只是在立法整体方向和基本原则上对立法予以控制。第二，宪法规制的开放性还体现在其内在价值的开放性。宪法不可避免要在规定于宪法中的各种价值之间进行权衡与取舍，所以宪法学必须具有某种价值的开放性。[①]在克隆人技术立法中伴随着诸多宪法价值的冲突，宪法规制立法的过程也是对不同宪法价值接纳与协调的过程，必然在价值体系上体现出开放性特征。第三，宪法规制的开放性还体现在宪法规范体系面向克隆人技术变迁的开放性。宪法规范并不是固定不变的，会随着社会的变迁而变迁。宪法在社会变迁过程中，一方面，需要保持其稳定性和安定性特质；另一方面，也需要通过宪法解释回应社会现实问题，不断保持与社会现实的适应。克隆人技术处于不断的变化发展之中，对于克隆人技术立法的宪法规制也应与克隆人技术本身的发展相适应。随着克隆人技术立法背景和民众价值观念的变化，宪法对于立法的规制也需要作出适当调整。比如，在克隆人技术尚未成熟的时期，应着重强调保护宪法上的生命和人的尊严的宪法价值，而如果将来在现实生活中出现了克隆人，宪法需要调整其内在的价值体系，不仅要接纳克隆人，还需要及时调整宪法统领的法律体系，对克隆人的生命和平等权利等予以宪法保护。况且，宪法本身也会随着社会的变化

---

① 李忠夏：《作为社会整合的宪法解释——以宪法变迁为切入点》，载《法制与社会发展》2013 年第 2 期。

而发生变迁。在这个意义上,宪法规制克隆人技术立法不仅具有面向未来的开放性,而且宪法自身的规范体系也处于不断发展变迁之中。

(三)包容性

克隆人技术立法的宪法规制还具有包容性。宪法文本自身具有包容性。宪法本身即是多种价值、原则体系的复合体。①宪法文本不是僵化的文字,而是具有多种解释可能性的规范体系,这个规范体系能够容纳不同的宪法价值,甚至有时是相互冲突的价值。宪法规定本身即包含有多种解释可能性,而且基于宪法文本对克隆人技术立法进行规制,能够接纳克隆人技术立法过程中的不同价值诉求,为不同的价值博弈提供平台。这意味着,宪法对于克隆人技术立法过程中的不同利益诉求是具有包容性的。宪法文本自身具有包容性,这样一种包容性的规范体系在规制克隆人技术立法过程中也会体现包容性。此外,宪法规制克隆人技术立法过程要求民主参与,在立法过程中,不同的利益相关主体能够表达其对于立法的诉求,有助于确保克隆人技术立法能够最大限度地凝聚社会的价值共识。在立法规制克隆人技术的过程中,根据立法过程中的多数决原则,克隆人技术立法无疑体现的是多数人的意志。而宪法规制克隆人技术立法过程中,会照顾到立法规制过程中利益受损的少数群体的利益,对不同群体的利益冲突予以最大限度的协调。其包容性还体现在对具体立法内容瑕疵上的容忍。面对克隆人技术的发展,立法者需要及时予以立法应对。立法在过程和内容上难免存在瑕疵,而宪法规制对于立法瑕疵一般会予以包容,留给立法者自行完善。

(四)多元性

克隆人技术立法宪法规制具有多元性特征。首先,宪法规制所依据的宪法文本具有多元性。宪法文本是克隆人技术立法宪法规制的规范基础,对于克隆人技术涉及的宪法价值,不同国家的宪法文本具有不同的规定,同样的宪法价值在不同宪法文本中的地位也可能是不同的。

---

① 李忠夏:《作为社会整合的宪法解释——以宪法变迁为切入点》,载《法制与社会发展》2013 年第 2 期。

比如,对于克隆人技术涉及的科学研究自由,有的国家直接规定到宪法文本(我国《宪法》第47条),而有的国家需要通过宪法解释的方法从宪法文本中解读出来(美国宪法从言论自由条款中解读出来)。对于克隆人技术涉及的人的尊严的价值,在德国基本法中处于核心地位,而在美国宪法中的地位就没有德国基本法中的地位重要,这与德国基本法纳粹的历史背景和美国自由宪政的传统极为相关。其次,克隆人技术立法宪法规制过程中相关宪法审查的主体和解释方法也会不同。对包括克隆人技术立法在内的立法的宪法审查,不同国家具有不同的审查方式,在审查主体方面存在宪法法院、宪法委员会等不同的审查主体,在审查的实践中也形成了各国独特性的审查和相关宪法解释的方法。最后,各国克隆人技术立法宪法规制面对的问题也各不相同。当前世界各国在克隆人技术立法方面,面临不同的问题,有的国家已经制定了相关法律,力求解决的是对克隆人技术相关法律的合宪性审查问题;有的国家还处在立法的讨论过程中,力求解决的是如何在立法过程中接受宪法规范和价值的引导和约束的问题。即使在已经制定法律的国家,其面临的问题也具有多元性,比如有的国家通过刑罚惩罚克隆人研究;有的国家仅仅通过行政法规制克隆人研究。不同的规制模式其合宪性审查的强度和方式各不相同。并且,各国在宗教和文化背景方面也存在诸多差异,这些因素都可能导致克隆人技术相关立法宪法规制的多元性。

因此,由于各国的文化背景、宪法文本与宪法解释、宪法运行机制各不相同,对于立法的宪法规制也没有标准模式,各国基于本国的宪法体制在实践中发展出各自的宪法规制理论和规制模式。但宪法规制的多元性也不是绝对的,各国在宪法规制过程中,也存在诸多共通的问题。比如,应当如何界定宪法上的"人",应当如何在宪法上确立科研自由的界限,应当如何确保克隆人技术不被滥用,克隆人技术的立法过程应当遵循怎样的宪法原则,对克隆人技术立法的合宪性审查需要考量哪些因素,等等,这些都是各国必须面对的宪法问题。因此,宪法对克隆人技术立法规制的多元性并不影响各国在宪法规制理念和制度上的相互借鉴。

第三章

克隆人技术立法宪法规制的价值基础

上一章重点论述了克隆人技术立法宪法规制具有必要性,接下来需要进一步回答对克隆人技术立法应当如何进行宪法规制。对克隆人技术立法宪法规制的过程,也是一个对克隆人技术立法进行宪法价值灌输的过程,而这一过程可适用的宪法价值具有多元性,不同的宪法价值之间也存在冲突,这就需要确立哪些宪法价值具有优先性,也即首先需要明确克隆人技术立法宪法规制的价值基础。克隆人技术立法的宪法规制的价值基础是贯彻于宪法规制整个过程中的核心价值追求,是宪法规制的出发点和落脚点。从克隆人技术立法涉及的宪法价值之间的关系以及当前国际社会对克隆人技术存在的普遍共识来看,克隆人技术立法宪法规制的价值基础为生命与人的尊严。生命与人的尊严是宪法价值体系中的基础性价值,没有生命与尊严,其他宪法价值便失去了存在的前提。克隆人技术对宪法上的生命与人的尊严构成根本性冲击,因此对克隆人技术立法进行宪法规制应当以保障生命与人的尊严为核心。对生命与人的尊严的保障是立宪和释宪的基础性价值,超越于宪法文本之上,又贯穿于宪法文本之中。

第一节 生命与人的尊严在宪法规制中的基础地位

一、生命与人的尊严的宪法地位

在现代宪法学视野中,人的尊严与生命权是人类享有的最基本、最根本的权利,构成法治社会的理性与道德基础。①生命与人的尊严作为基础性价值,往往被各国明确规定于宪法文本之中,限制和约束国家的立法、行政和司法行为。

（一）生命价值的宪法保障

没有生命就没有一切,人的生命是所有行为的基础和前提。因此,生命价值往往被赋予更高的等级。基于生命价值的重要性,各国普遍通过宪法对公民的生命权予以宪法保障。在宪法上,生命权的宪法保障具有深厚的理论基础,其伦理学基础体现为生命神圣论和生命质量论,其哲学基础体现为自然法思想和自由主义,其宪法学基础体现为公权利论和宪法至上论。②生命权作为基本人权被多数国家规定在宪法之中。在联合国 192 个成员国中,至少有 161 个国家的宪法以各种方式规定了生命权。③

（二）人的尊严从伦理价值到宪法价值

在宪法发展史上,人的尊严是经由伦理价值转化为实定法上的宪法价值。19 世纪,康德提出了"人是目的"的理念,认为人的尊严植根于人的道德性和自律,只有构成事物内在目的而存在的东西,才具有尊严。承认人享有尊严,就决不能把人当成单纯的工具和手段。康德指出:"不论是谁在任何时候都不应把自己和他人仅仅当作工具,而应该永远看作自身就是目的。"④

20 世纪上半叶,人的尊严开始被法律化。20 世纪前三四十年,法律文本才开始在内在于人的属性意义上使用"人的尊严"。欧美诸多国家开始将"尊严"写入宪法文本,例如 1917 年墨西哥宪法,1919 年魏玛宪法、芬兰宪法,1933 年葡萄牙宪法,1937 年爱尔兰宪法和 1940 年古

---

① 韩大元:《中国宪法学应当关注生命权问题的研究》,载《深圳大学学报(人文社会科学版)》2004 年第 1 期。

② 上官丕亮:《生命权宪法保障的理论基础研究》,载《环球法律评论》2007 年第 6 期。

③ 上官丕亮:《宪法与生命——生命权的宪法保障研究》,法律出版社 2010 年版,第 29 页。

④ [德]伊曼努尔·康德著:《道德形而上学原理》,苗力田译,上海人民出版社 2005 年版,第 53—55 页。

巴宪法。它们在序言、总纲或权利条款部分开始规定保护人的尊严。这一时期，尽管宪法上人的尊严的使用有所发展，但仍然处于边缘地位，这一地位直到第二次世界大战以后才发生根本改变。①

二战后，基于对纳粹与法西斯主义暴行的制度反思，人的尊严作为人类价值的共识基础在《联合国宪章》等国际人权法中得以确立。②

人的尊严在国际人权法上的确立对各国人的尊严的入宪也产生了重要的影响，诸多国家也随之将人的尊严写入宪法文本。1945年到1949年期间，日本、意大利和德国作为战败国，基于对自身的反思，相继在本国宪法中写入了尊严条款。其中，比较典型的是1949年联邦德国的《德国基本法》。《德国基本法》的制定者将人的尊严这一道德价值移植到实证法中，这种认识是对纳粹时代的反思。③1940年代以后，更多国家开始将人的尊严写入宪法。1970年代，希腊、西班牙和葡萄牙独裁政权倒台之后，人的尊严被纳入其新的民主宪法。1990年代，随着柏林墙的倒掉，中欧和东欧各国逐步过渡，各国都寻求制定或修改宪法以确认基本人权，而德国基本法成为其参考的重要模式，人的尊严被纳入这些国家新制定或修改的宪法之中。这些宪法包括1990年匈牙利共和国宪法、1991年斯洛伐克共和国宪法、1992年捷克共和国宪法和爱沙尼亚宪法、1997年波兰共和国宪法等。此外，德国基本法的影响还超出了中欧和东欧，深刻影响了1992年以色列基本法和1996年南非共和国宪法的制定过程，这两个国家的宪法都确立了人的尊严的基础地位。④当今世界各国已经普遍地将人的尊严纳入宪法规范体系。

① C.McCrudden, Human Dignity and Judicial Interpretation of Human Rights, 19 European Journal of International Law. 11，2008，p.664.王旭：《宪法上的尊严理论及其体系化》，载《法学研究》2016年第1期。

② 1945年《联合国宪章》在序言部分开宗明义，"重申基本人权、人权尊严与价值，以及男女与大小各国平等权利之信念"；1948年《世界人权宣言》在序言中明确宣示："承认人类每一位成员内在的尊严和平等、不可剥夺的权利，是世界自由、正义与和平的基础"；1966年的《公民权利和政治权利国际公约》《经济、社会及文化权利国际公约》在序言中重申了人的尊严的基础地位，提出"确认这些权利是源于人固有的尊严"。

③ 张翔：《基本权利的体系思维》，载《清华法学》2012年第4期。

④ C.McCrudden, Human Dignity and Judicial Interpretation of Human Rights, 19 European Journal of International Law. 11，2008，p.673.

二、生命与人的尊严作为规制的价值共识

克隆人技术发展的规制过程中以生命与人的尊严为价值基础在国际社会中已经形成了基本共识。在有关克隆人技术的国际和区域性的公约或决议中，普遍从生命与人的尊严的角度审视克隆人技术的发展，认为与生命和人的尊严价值相抵触的克隆人技术应当予以立法禁止。

在克隆人技术的国际立法规制层面，1997年第五十届世界卫生大会通过一项决议认为需要全面评估克隆人技术发展可能带来的道德后果，一方面要尊重科研自由，另一方面也要尊重病人的权利和人类尊严。世界卫生组织总干事中岛宏认为，生殖性克隆试验违背人类尊严，在遗传学上危及人类安全。欧盟委员会负责科学研究的委员克勒松夫人在欧洲议会指出，尽管克隆人技术的发展对人类健康具有潜在的利益，但不可忽视这类研究扩大到人类的危险性。[1]1997年联合国教科文组织通过的《世界人类基因组与人权宣言》在第11条中指出，生殖性克隆与人的尊严相抵触，不予允许。[2]2005年联合国通过的《联合国关于人的克隆宣言》指出，联合国要求所有成员国禁止任何形式的违反人的尊严和保护人的生命原则的克隆人。[3]

在克隆人技术的区域规制层面，1997年欧洲议会的《克隆决议》认为，无论基于不孕不育的治疗、胚胎着床前诊断、组织移植或任何其他的目的，人类克隆都无法获得正当性，难以被社会所容忍，因为人类克隆严重侵犯基本人权，其允许优生与种族主义选择，违反人类平等的基本原则，以人为实验对象，侵犯人的尊严。在欧盟基于任何目的的人类克隆都应当被禁止。[4]2000年欧洲议会通过的《人类克隆决议》进一步

---

① 参见黄丁全：《医疗法律与生命伦理》，法律出版社2007年版，第531页。

② Universal Declaration on the Human Genome and Human Rights, 11 November 1997, In: Human Dignity and Human Cloning, edited by Silja Vöneky & Rüdiger Wolfrum, Martinus Nijhoff Publishers 2004, p.257.

③ 周清春：《反克隆宣言，中国为什么说不》，载《科技日报》2005年2月23日。

④ European Parliament Resolution on Cloning, 12 March 1997, In: Human Dignity and Human Cloning, edited by Silja Vöneky & Rüdiger Wolfrum, Martinus Nijhoff Publishers 2004, pp.295—296.

指出,人权以及对人的尊严与人的生命的尊重是所有政治立法活动的永恒目标。①1998年欧洲19个国家②在法国巴黎签署的《生物医学应用中保护人权与人类尊严公约禁止克隆人附属议定书》中指出,故意产生与他人基因相同的人类,将人类工具化,侵犯了人的尊严,构成对生物与医学的滥用。该议定书第1条明确规定,禁止任何试图产生与他人(无论是否活着)基因相同的人类的行为。③2000年《欧盟基本权利宪章》第1条规定:"人的尊严不可侵犯。应当尊重和保护人的尊严。"根据该法第3条规定,任何人的身体与精神完整权应受到尊重。在生物医学领域,禁止生殖性克隆。④

　　基于人的尊严价值对克隆人技术进行规制已经成为国际社会的基本共识。在宪法规制克隆人技术立法的过程中,也应当从这一价值共识出发,以人的尊严为价值基础对克隆人技术的立法进行宪法控制。

第二节　生命与人的尊严在宪法规制中的形式体系

　　生命与人的尊严在各国宪法上受保护的形式不同。对于生命权的宪法保护而言,有的国家没有在宪法上明确规定生命权,生命权的宪法保障需要通过对宪法相关条款的解释或通过宪法判例来确立。对于人

---

①　European Parliament Resolution on Human Cloning, 7 September 2000, In: Human Dignity and Human Cloning, edited by Silja Vöneky & Rüdiger Wolfrum, Martinus Nijhoff Publishers 2004, pp.291—293.

②　分别为:法国、意大利、西班牙、葡萄牙、瑞典、希腊、挪威、土耳其、丹麦、芬兰、卢森堡、冰岛、罗马尼亚、爱沙尼亚、马其顿、拉脱维亚、摩尔多瓦、圣马力诺和斯洛文尼亚。Adam Greene, The world after dolly: International regulation of human cloning, George Washington International Law Review, 2001, 33 Geo. Wash. Int'l L.Rev. 341. p.6.

③　Additional Protocol to the Convention for the Protection of Human Rights and Dignity of the Human Being with regard to the Application of Biology and Medicine, on the Prohibition of Cloning Human Beings, 12 January 1998, In: Human Dignity and Human Cloning, edited by Silja Vöneky & Rüdiger Wolfrum, Martinus Nijhoff Publishers 2004, pp.267—268.

④　Charter of Fundamental Rights of the European Union, 18 December 2000, In: Human Dignity and Human Cloning, edited by Silja Vöneky & Rüdiger Wolfrum, Martinus Nijhoff Publishers 2004, pp.285—287.

的尊严的宪法保护而言，人的尊严在各国宪法上的实证化程度存在差异。有的国家至今在宪法中没有明确规定人的尊严，即使在宪法文本中明确规定人的尊严的国家，人的尊严在宪法规范体系中受保护的方式也不尽相同。有的学者对人的尊严被各国宪法所保护的形式进行了总结，主要包括如下模式：作为宪法解释的具体论证依据、作为宪法解释的整体政治价值、作为宪法解释中有宪法效力的原则以及作为有宪法文本依据的规范。①生命与人的尊严在宪法上受保护的形式不同，其在克隆人技术立法宪法规制中的存在形式和发挥作用的方式也存在差异，概括起来，主要有如下几种方式。

一、作为立法制定过程的指导性价值

生命与人的尊严，无论是否已经被明确写入宪法，其在克隆人技术立法的讨论过程中，都发挥重要的价值指引作用。在克隆人技术立法的宪法规制中，通过生命与人的尊严价值对克隆人技术立法过程进行价值指引是较为普遍的现象。比如，1990 年 12 月 13 日德国议会通过的《胚胎保护法》禁止克隆人技术的立法过程中明显受到德国基本法上生命与人的尊严的价值引导。在日本，克隆羊诞生以后，专门设立生命伦理委员会探讨对克隆人技术的规制问题。生命伦理委员会于 1999 年提出《以克隆技术产生人类个体的基本意见报告书》，明确反对生殖性克隆，并在随后关于克隆人的声明中指出，为避免人类被工具化、保障人权和家庭秩序，对于利用克隆人技术制造人类个体的研究，应制定法律予以刑罚处罚。②在此基础上，2000 年日本制定的《克隆人及其他相关技术规制法》明确禁止生殖性克隆，并对违法行为予以刑罚处罚。在韩国，2005 年实施、2008 年修订的《生物伦理与安全法》明确禁止生殖性克隆，违法者最高可判处 10 年有期徒刑。该法第 1 条规定："本法的目的在于支持那些被用于阻止和治疗人类疾病的科学与生物科技的

---

① 王旭：《宪法上的尊严理论及其体系化》，载《法学研究》2016 年第 1 期。
② 参见黄丁全：《医疗　法律与生命伦理》，法律出版社 2007 年版，第 526—527 页。

发展,改善人的健康与生活质量。本法的目的也在于通过确保科学与生物科技安全发展并遵循生物科技的伦理,保护人的尊严、阻止对人类的伤害。"可见,保护人类生命安全与人的尊严是其立法禁止生殖性克隆的重要价值基础。当前已经通过立法对克隆人技术进行规制的国家都普遍强调尊重和保障生命与人的尊严价值。

二、作为立法合宪性解释的重要目标

在对克隆人技术立法或相关立法的合宪性解释的过程中,生命与人的尊严可以作为法律解释的目的而存在。在对法律的规范意义进行解释的过程中,立法者的立法意志是重要的考量因素。"立法者的意志"是立法者的根本意向以及在立法团体或其委员会的讨论中曾经被提出并且并无异议的想法。①在克隆人技术立法过程中,生命与人的尊严作为立法过程中的"历史性"因素,在相关立法的起草过程中,往往被作为最重要的因素反复讨论,并形成一些共识。比如,对于胚胎的生命不得进行任意操作与损毁等。因此,在涉及克隆人技术立法相关争议条款的解释过程中,从更有利于保障生命与人的尊严的目的出发进行法律解释,是践行立法者意图的重要方式。在没有直接针对克隆人技术进行立法的情况下,医疗、卫生或胚胎保护等方面的相关法律可以被适用于克隆人技术。在涉及对上述法律相关条款的解释过程中,生命与人的尊严可被视为具有宪法位阶的法伦理原则②优先考虑。在对某个条款存在多种解释的情况下,可以选择更有利于保护生命与人的尊严的解释方案。比如,2001 年在克隆人技术立法相对滞后的情况下,英国法院对 1990 年《人类受精与胚胎法》中涉及的"胚胎"进行目的性扩展解释,从更有利于保护胚胎生命的目的出发,将克隆胚胎纳入其中,从而将胚胎的克隆纳入法律规制体系。③

---

① [德]卡尔·拉伦次:《法学方法论》,陈爱娥译,商务印书馆 2003 年版,第 208 页。
② [德]卡尔·拉伦次:《法学方法论》,陈爱娥译,商务印书馆 2003 年版,第 216 页。
③ 该案具体解析,可参见本书第五章第一节"克隆人技术相关法的合宪性解释"。

三、作为立法宪法审查的规范依据

在对克隆人技术立法宪法规制过程中,生命与人的尊严可以作为宪法上的规范依据,用以权衡克隆人技术的立法是否违宪。在克隆人技术立法形式上,由于其涉及生命权和人的尊严这一重要的宪法价值,根据法律保留原则应当通过议会制定法律对克隆人技术进行规制,否则便涉嫌违宪。在克隆人技术立法的内容上,相关的立法应当能够达成保障生命与人的尊严的目的,否则涉嫌违反比例原则而违宪。生命与人的尊严能够作为立法宪法规制的规范依据,在多数情况下都基于生命与人的尊严在宪法文本上有明确的规定。比较典型的如《德国基本法》,其在第1条和第2条分别明确了人的尊严和生命权不受侵犯,尊重和保障生命权和人的尊严构成国家权力的宪法义务,包括克隆人技术立法在内的国家立法不得侵犯生命权和人的尊严,否则构成违宪。但这并不意味着生命权和人的尊严没有在宪法文本上明确规定便不可能作为克隆人技术立法宪法审查的规范依据。比如,法官在诸如隐私权、持枪自由、种族平等、表达自由等领域中都经常通过以"尊严"作为论证依据以达到保护、认同尊严价值的效果。[①]因此,美国在有关克隆人技术立法的司法审查过程中,人的尊严也可被用以作为论证的规范依据。

第三节　生命与人的尊严在宪法规制中的内容体系

生命与人的尊严在克隆人技术立法宪法规制中主要涉及三个方面的重要内容,即克隆胚胎的保护、克隆人生命安全的保护以及克隆人尊严的保护。

一、克隆胚胎的保护

克隆人技术立法涉及的重要宪法问题之一是克隆胚胎生命的保护

---

① 王旭:《宪法上的尊严理论及其体系化》,载《法学研究》2016年第1期。

问题。无论是生殖性克隆研究还是治疗性克隆研究，都涉及对克隆胚胎的使用和损害。克隆胚胎在宪法上的地位是克隆人技术立法需要重点考量的宪法因素。在宪法理论与实践中，人类胚胎是宪法保护的重要价值。以德国为例，联邦宪法法院在两次堕胎判决中，认定包括胚胎在内的未出生的生命在《德国基本法》第 1 条和第 2 条规定的人的尊严和生命权的保护范围之内。在第一次堕胎判决中，联邦宪法法院认为："国家针对每一个生命的保护义务不仅可以直接从第 2 条第 2 款第 1 句中导出，还可以从第 1 条第 1 款第 2 句这一明确规定中得出，因为孕育中的生命也受到第 1 条第 1 款人的尊严的保护。"在第二次堕胎判决中，联邦宪法法院进一步明确指出："《德国基本法》使国家负有保护人的生命的义务，也包括对孕育中生命的保护。保护义务存在的理由蕴涵在《德国基本法》第 1 条第 1 款中，这一条款明确要求国家尊重和保护人的尊严。《德国基本法》第 2 条第 2 款对保护义务的对象以及由该对象所产生的保护义务的范围作出了进一步的规定。"①

具体到克隆胚胎的宪法保护问题，首先需要分析克隆胚胎与传统精卵结合方式形成的胚胎是否具有实质区别。从宪法保护生命价值的角度来看，克隆胚胎与传统方式产生的胚胎一样，都具有发展成为人类个体的潜力，其在宪法上应受到同等保护。此外，还需要对克隆胚胎的性质进行界定，根据宪法理论与实践层面对胚胎性质的界定，克隆胚胎在宪法上的性质可区分为胚胎作为人、胚胎作为特殊物以及胚胎作为物三种不同的性质。克隆胚胎不同的性质所对应的宪法保护的强度具有差别，由此对克隆人技术立法的规制也具有差别。如果克隆胚胎作为人，具有人的主体地位，那么即使在拯救捐献者生命这一极端情况下，消耗胚胎的治疗性克隆也是不被允许的。其使得人的生命之间被予以比较。②而如果克隆胚胎只是一种介于人和物之间的特殊物，那么宪法保护的科学研究自由与胚胎生命的权衡便是允许的。如果克隆胚

---

①　张翔主编：《德国宪法案例选释》，法律出版社 2012 年版，第 150—166 页。
②　[德]K-A.施瓦茨：《以人类胚胎干细胞为例研究胚胎保护的法律问题》，印晓慧译，载《中德法学论坛》2004 年卷。

胎被认定为物,科学研究与胚胎生命之间的权衡便没有必要,对于克隆胚胎的任何研究都是不受限制的。此外,对于胚胎的保护还存在生命潜能理论。根据这一理论,胚胎是可能的人,拥有所有成长为人的前提条件。这一理论运用于克隆胚胎之上,意味着克隆胚胎是潜在的人,而治疗性克隆对于胚胎的损毁侵犯了生命权和人的尊严价值,立法应当予以禁止。

同时,生命潜能理论也面临困境。传统对于胚胎的"发展成为人的潜能"的理解,是建基在一个过度简化且理想化的两性生殖脉络中,且多少带有基因决定论的思维,认为基因决定了一个胚胎未来的发展,包括其数目、性别、身高、体重等等,其"潜能"是有其定向性的,且有其必然性。但这种说法过度高估基因在胚胎发育过程中所扮演的角色,同时低估了环境对"潜能"的影响。基因的性别不一定即是其后来发展出生物个体的生理性别。身高体重也不仅仅受基因决定。尤有甚者,一个胚胎并不必然会产生一个人,未能着床的胚胎,发展停止的死胎,双胞胎、连体婴的可能性,让我们很难说,基因可以决定数目。因而,不考虑脉络或环境因素,单单谈论事物的潜能,是否具有意义,很值得质疑。① 赋予某个特定的人以权利这一事实并不代表所有早期的形式也已经拥有这些权利。即使一个 20 岁的有选举权和被选举权的人,也不会因为自己有长到 20 岁的可能性而在 2 岁时就拥有该权利。②

二、克隆人生命安全的保护

人的生命是宪法保护的基础性价值。任何克隆人技术的研究和运用都不得贬损和侵害人的生命价值。克隆人技术的发展一方面为那些不孕不育或生育孩子面临基因疾病威胁的人提供了重要的生育途径,另一方面也面临新技术带来的难以预测的风险。宪法保护的生育权并不仅仅意味着生物学上的一个孩子的诞生,而对孩子的生命健康也是

① 陈文珊:《论胚胎是否具有生命权》,载《应用伦理研究通讯》第 45 期。
② [德]K-A.施瓦茨:《以人类胚胎干细胞为例研究胚胎保护的法律问题》,印晓慧译,载《中德法学论坛》2004 年卷。

有要求的。生育作为一种繁衍后代的方式,是社会进步和发展的基础。当前克隆人技术还不成熟,如果被作为一种人类辅助生殖技术,通过克隆的方式产生的克隆人会面临严重的生命健康和安全风险。通过克隆人技术产生克隆人的过程对克隆人而言存在重大的人身风险,其不仅成功率很低,而且克隆人可能会过早老化、引发基因突变导致的疾病甚至畸形。①克隆人技术对克隆人潜在的人身伤害是重要的考量因素。立法禁止生殖性克隆的正当性基础在于这项技术本身威胁到克隆人的生命安全。有学者认为,立法对生殖性克隆的禁止至少需要持续到科研人员能够消解克隆技术发展过程中的安全风险。②

同时,立法禁止生殖性克隆在实质上阻止了克隆孩子的诞生。这样一来,在通过克隆人技术产生存在缺陷的孩子与阻止此类孩子的诞生之间,立法者实际上选择了后者。那么,在有伤害的存在与不存在之间,哪一方更符合尊重生命价值的宪法精神呢?有的观点认为克隆人技术对克隆人的危害不应考虑,因为没有克隆人技术的适用,克隆人便不存在。③但这一观点显然是难以成立的,因为有些伤害比不存在更糟糕。美国加利福尼亚州的上诉法院在第一个被准许的错误生命之诉案中没有考虑被告所主张的"如果不是因为其疏忽的行为原告便不存在"这一事实,而是重点考虑了被告行为给原告带来的遗传伤害。④如果根据没有克隆人技术克隆人便不存在这一逻辑,任何伤害都可以被加到克隆人身上。⑤克隆人技术给克隆人生命健康带来的伤害与正常生育给孩子带来的遗传病之间是有本质区别的。克隆人是受目的性干预而

① Adam Greene, The world after dolly: International regulation of human cloning, George Washington International Law Review, 33 Geo. Wash. Int'l L.Rev. 341, 2001, pp.649—656.
② See, e.g., National Bioethics Advisory Commission, Cloning Human Beings (1997), pp.64—101.
③ Cloning Human Beings: Report and Recommendations of the National Bioethics Advsiory Commission, 1997, p.66.
④ See, e.g., Curlender v.Bio-Science Laboratories, 165 Cal. Rptr. 477(Ct.App. 1980).
⑤ See, e.g., National Bioethics Advisory Commission, Cloning Human Beings, 1997, p.66.

造成的伤害,其与传统生育方式带来的偶然性伤害也是不同的。①

三、克隆人尊严的保护

克隆人的尊严是克隆人技术立法需要考量的重要宪法价值。通过克隆人技术产生的孩子与被克隆者具有相同的基因,这意味着克隆孩子是被规划产生的,其依存于基因的未来命运(如外貌与体质)已经被提前决定了,克隆人丧失了自主性和独特性。有学者指出,生殖性克隆对于克隆孩子的基因具有绝对性操纵,使得克隆人成为达成某种目的的手段,克隆孩子对自己的未来缺少自治、自决的空间,因此被剥夺了面向未来开放的权利。②有学者认为克隆人的实验就是反人类的罪行,因为如此制造出来的个体甚至不再享有有性生殖具有的各种偶然性和有性生殖所保证的遗传独特性。③立法禁止生殖性克隆的重要宪法基础在于人的尊严,具体而言是生殖性克隆侵犯克隆人的自主性和独特性。基因上的复制会侵蚀一个人的自由意识,这是一种奴役的标示。克隆不是基因的融合而是基因的复制。

第四节　生命与人的尊严在宪法规制中面临的挑战

克隆人技术立法宪法规制的基础价值体现为生命和人的尊严。对克隆人技术立法的宪法规制应当以保障生命与人的尊严的基本价值为出发点和落脚点。尽管基于生命与人的尊严价值对克隆人技术进行规制已经成为国际社会的普遍共识,但也面临诸多挑战,主要包括内在冲击和外在冲击。内在冲击具体包括三个方面:其一,生命保护的起点不确定;其二,人的尊严的宪法内涵具有模糊性;其三,人的尊严的宪法地

---

①　See Lori B.Andrews, Is There A Right To Clone? Constitutional Challenges to Bans on Human Cloning, 11 HARV.J.L. & TECH. 643, 1998(11). p.667.

②　叶俊荣等:《天平上的基因——民为贵、Gene 为轻》,台湾元照出版有限公司 2006 年版,第 144—145 页。

③　[法]亨利·阿特朗等著:《人类克隆》,依达、王慧译,社会科学文献出版社 2003 年版,第 12 页。

位存在差异。外在冲击方面,生命与人的尊严价值面临自由主义和功利主义的挑战。

一、内在冲击

(一)人的生命的宪法保护起点未达成共识

没有生命就没有一切,人的生命是所有行为的基础和前提。在克隆人技术立法中,应当保护克隆胚胎和克隆人的生命,但是生理意义上的人的生命在宪法上从何时开始不得被侵害并没有形成共识。有学者指出,对生命的剥夺当然是一种最严重的侵害,但是尚未得到解答的是:这种生理事实什么时候就实际存在了,从而引起宪法上的保护请求权。①人的生命的宪法保护从何时开始并没有统一的标准,在宪法理论与实务界存在不同做法。

在德国,一般认为生命的宪法保护开始于精卵结合或克隆技术形成胚胎之时。随着人类对自身了解的增加,生命开始是从"有生命意义"的生命个体,往前推到"有生命现象"之个体,生命现象则始于精子与卵子融合或以无性生殖技术形成胚胎之际。②依照德国联邦宪法法院的见解,生命至少在受孕后的第14天起存在,宪法并未排除一个更早的生命开始。③德国联邦宪法法院在两次堕胎案中,都认为包括胚胎在内的未出生的生命在人的尊严和生命权的保护范围内,尽管其对于胚胎的性质并没有给予明确的认定,但胚胎作为孕育中的生命,有接近于人的主体地位。

①③ [德]K-A.施瓦茨:《以人类胚胎干细胞为例研究胚胎保护的法律问题》,印晓慧译,载《中德法学论坛》2004年卷。

② 据研究,受精卵分裂时即有生命现象,受精后第20天开始胚胎会有心跳,第36天起则有脑的活动及神经系统,依理,胚胎即会有感觉及疼痛的可能性。受精后8周内的主要器官即已形成,一般即以8周为界限,前阶段称为胚胎期,后阶段系胎儿。李震山:《胚胎基因工程之法律涵义——以生命权保障为例》,载《台大法学论丛》第31卷第3期。在美国还出现一个"前胚胎(Preembryo)"概念,用以表示从受精到原条(primitive streak)出现这一阶段,原条出现意味着生物个体的形成,通常发生在受精后的第14天。Judith Daar, Reproductive Technologies and the law(second edition), Matthew Bender 2012, pp.56—57。

在美国,与德国不同,胚胎在联邦法律层面并不享有类似于人的主体地位,人的生命的宪法保护并非始于胚胎。比如,在罗伊诉韦德案(Roe v.Wade)中,美国联邦最高法院认为宪法并没有对"人"予以详细界定,宪法第十四修正案等条文涉及的"人"几乎都是适用于出生后的人,并没有迹象表明其可以适用于出生前的生命。最高法院进一步诉诸历史解释,指出在19世纪的大部分时间里盛行的更为自由的合法堕胎实践也表明"人"这一词并不包括未出生的情况。对于生命从何时开始,在医学、哲学和宗教等角度都存在很大的分歧,从司法的角度也难以给出答案。基于此,联邦最高法院认为胎儿并不享有独立的权利。在妇女怀孕的前3个月,妇女与医生可以决定是否堕胎;在3个月到6个月前,在适度规制下,也可以堕胎;即使在怀孕6个月之后,也可以为了救妇女的生命而选择堕胎。[1]人的生命宪法保护起点的不确定是各国克隆人技术立法在现实中对克隆胚胎出现不同保护倾向的重要原因之一。

（二）人的尊严的宪法内涵具有模糊性

人的尊严具有高度抽象性,其实质内容具有模糊性。对于如何确定人的尊严保护的实质内容,存在不同的意见。比如,在德国,人的尊严的保护范围存在着积极界定和消极界定两个方面的意见。积极界定的相关理论学说包括:继承基督教的自法学说及康德哲学的人的尊严概念、卢曼系统理论的付出理论及霍夫曼的沟通理论,[2]但这些对人的尊严的理论上的解读存在很多模糊空间。由此产生了消极解释的方法,即在个案中从侵权角度来描述人的尊严的内容,如"客体公式"理论。该理论可追溯到康德。继康德之后,杜林设计出为联邦宪法法院所接受的"客体公式"理论,据此,对人的尊严的损害存在于下列情况,即当"具体的人被作为客体,作为一种单纯的工具,作为可替代的值而

---

① 410 U.S.113(1973).

② 人的尊严积极与消极方面的理论阐述,参见李忠夏:《国家安全与人性尊严:伦理问题的法教义学解决路径——评联邦宪法法院"航空安全法"判决》,载王贵松主编:《宪政与行政法治评论(第五卷)》,中国人民大学出版社2011年版,第94—95页。

被降低了尊严"。①该公式的缺陷在于,一方面过于模糊,另一方面每个人在许多情形下不可避免要被视为工具、而非被其他人或国家权力作为目的加以对待。②由于人的尊严实质内容的抽象性和模糊性,在克隆人技术立法的宪法规制中如何贯彻人的尊严的价值便面临冲击,基于人的尊严价值对克隆人技术进行宪法规制遭到诸多质疑。

(三)人的尊严的宪法地位存在差异

人的尊严首先是超脱于宪法文本之上的价值,约束立宪并贯穿于宪法实施的过程。在宪法发展史上,人的尊严是经由伦理价值转化为实定法上的宪法价值。德国通过《德国基本法》第1条第1款,将道德上要求重视人的尊严的请求权予以法律化。③当前世界各国的宪法规范体系中,人的尊严已经被普遍纳入宪法的规范体系中。但人的尊严在各国宪法上的实证化程度存在一定的差异。有的国家,人的尊严不是宪法上明确规定的规范,仅仅是一种宪法审查中的解释性依据。有的国家,人的尊严是一项宪法明确规定的具有法律效力的基本权利。有的国家,人的尊严是宪法明确规定的基本原则和最高价值。人的尊严在各国宪法规范体系中的地位和功能是不同的。有的学者指出,宪法上人的尊严价值具有三种不同的地位和功能,即人的尊严作为宪法中基本权利的规范基础、人的尊严作为确定其他基本权利保护范围的解释性原则以及人的尊严作为确定立法限制基本权利之比例的功能。④不同的国家对于人的尊严的宪法保护方式和保护程度呈现出诸多差异,这样一来,如何在克隆人技术立法中贯彻保障人的尊严的宪法价值便面临诸多不确定的因

---

① [德]K-A.施瓦茨:《以人类胚胎干细胞为例研究胚胎保护的法律问题》,印晓慧译,载《中德法学论坛》2004年卷。谢立斌:《中德比较宪法视野下的人格尊严——兼与林来梵教授商榷》,载《政法论坛》2010年第4期。
② 李忠夏:《国家安全与人性尊严:伦理问题的法教义学解决路径——评联邦宪法法院"航空安全法"判决》,载王贵松主编:《宪政与行政法治评论(第五卷)》,中国人民大学出版社2011年版,第97—98页。
③ [德]K-A.施瓦茨:《以人类胚胎干细胞为例研究胚胎保护的法律问题》,印晓慧译,载《中德法学论坛》2004年卷。
④ Aharon Barak, Human Dignity: The Constitutional Value and the Constitutional Right, Cambridge University Press, January 2015, pp.103—104.

素。这是人的尊严在宪法规制中面临的另外一个重要挑战。

二、外在冲击

基于生命与人的尊严对克隆人技术立法进行宪法规制也面临自由主义与功利主义价值的挑战。自由主义强调个体的权利和自由,功利主义强调利益最大化。生殖性克隆合法化的观念,多建构于自由主义与功利主义两种价值之上。

(一)自由主义

近代立宪主义的基本精神就是要保障人的自由和权利,在无害于他人的情况下国家不得随意干涉,公民享有一种不受国家干涉的权利。①在克隆人技术立法宪法规制的过程中,其价值基础面临自由主义价值的冲击。从宪法保障的自由权角度出发,有观点认为从生育孩子的结果来看,生殖性克隆与通过传统的生育方式和人工辅助生殖技术生育的孩子并没有本质的不同,禁止生殖性克隆显然侵犯生育自由。如果从科研自由的角度出发,从事生殖性克隆研究是一种科学研究活动,立法禁止克隆人涉嫌侵犯科学研究自由。

1. 生育自由

基于生命与人的尊严价值而禁止克隆人技术首先在人工辅助生殖领域遭到生育自由的挑战。从生育自由理念的角度分析,生育权包含着选择以何种方式生育孩子的自由。在传统的性交生殖之外,生殖性克隆可以被作为一种新的人工辅助生殖技术,为人类生育方式的选择提供更多的可能性。

人工辅助生殖技术主要包括人工授精、体外受精、输卵管内的配子移植术、卵细胞胞浆内单精子注射技术和受精卵输卵管植入术等类型。人工授精是最为常用的人工辅助生殖技术,这项技术是针对男性不育的情况,将丈夫或匿名捐赠者的精液注入妇女子宫内使其怀孕。人工

①　王贵松:《价值体系中的堕胎规制——生命权与自我决定权、国家利益的宪法考量》,载《法制与社会发展》2007 年第 1 期。

辅助生殖技术的体外受精主要是从妇女体内提取卵子,在培养皿中通过精子使其受精发育成胚胎,将胚胎转移到妇女子宫使其怀孕。1978年第一个试管婴儿路易斯·布朗(Louise Brown)在英国诞生,这开辟了人类运用辅助生殖技术生育孩子的新时代,人工辅助生殖技术也得以广泛应用。以美国为例,体外受精是在1981年被引入美国的,1985年到1998年期间,有超过91 000个孩子是通过这一技术诞生的。还有一种输卵管内的配子移植术,该项技术与体外受精类似,将提取的卵子和精液转移到妇女的输卵管,致使自然受精怀孕。卵细胞胞浆内单精子注射技术在1993年被引入美国,主要针对精子数目比较少的男性的情况,其将精子注入到从妇女体内提取的卵子中使其受精。①受精卵输卵管植入术是体外受精的转化型技术,其将受精后的胚胎植入输卵管使妇女怀孕。②人工辅助生殖技术具有广阔的市场,截至1999年,美国共有超过177 000个通过人工辅助生殖的孩子。③2013年美国有超过63 000个孩子通过体外受精技术诞生。人工辅助生殖技术诞生的孩子占美国出生孩子的1.5%④。截止到2015年,全球至少有500万个孩子的诞生得益于人工辅助生殖技术。⑤

　　人工辅助生殖技术和传统生育方式具有相似性,都可以使一个孩子诞生,并由此产生或拓展了一个家庭。通过传统生育方式与人工辅助生殖技术生育的夫妇,对于成为父母怀有同样的期待。⑥在人的一生

---

　　① Maureen McBrien, Human Cloning: Beyond the Realm of the Constitutional Right to Procreative Liberty, 21 Buff. Pub. Int. L.J. 107 2002—2003, pp.111—112.

　　② Lawrence Wu, Family Planning Through Human Cloning: Is There A Fundamental Right? 98 Colum. L.Rev. 1461, 1998, p.1469.

　　③ Maureen McBrien, Human Cloning: Beyond the Realm of the Constitutional Right to Procreative Liberty, 21 Buff. Pub. Int. L.J. 107 2002—2003, p.111.

　　④ Over 63,000 Babies Born from IVF Cycles Performed in 2013, AM. SOC'Y FOR REPROD.MED(last visited March 3, 2015) at http://www.asrm.org/Over_63000 _Babies_Born_from_IVF_Cycles_Performed_in_2013.aspx.

　　⑤ Report: 5 million babies born thanks to assisted reproductive technologies, CBS NEWS(last visited March 20, 2015) at http://www.cbsnews.com/news/report-5-million-babies-born-thanks-to-assisted-reproductive-technologies/.

　　⑥ See Gina Kolata, Clone: The Road to Dolly, and the Path Ahead, Harper Collins Publishers, 1998, p.11.

中,拥有孩子是最重要的事情之一,这会重新定义个人与世界的关系,从一个孩子或兄妹中的成员之一转而同时为人父母,也会影响个体的身份并改变其生活的目的与意义。①对于已婚夫妇来说,这些生育的经历与拥有一个孩子的渴望并不取决于通过人工辅助生殖技术或传统生育方式生育,任何一种生育方式都包含着这些价值。并且,这些价值通过人工辅助生殖技术会展现得更为清晰,因为他们明确地有生育一个孩子的目的,而传统性交怀孕有时在没有计划下就发生了。②除了没有通过性行为生育之外,借助人工辅助生殖技术的父母与采用传统生育方式的父母,在试图达到的目的方面并没有实质性的差别。③在这一点上,可以说蕴涵在生育中的可识别利益超越了生育的具体方式。④因此,通过辅助生殖技术同样可以产生孩子、建构家庭,与性交生育方式承载着同样的价值,应当享受同样的宪法保护。有学者提出不孕不育者同样享有生育权,他们拥有不受干预地通过各种辅助生殖技术生育孩子的宪法权利。⑤通过非性交方式寻求生育权的实现,属于生育权的保护范围,而完全禁止通过人工授精等人类辅助生殖技术生育孩子侵犯生育自由。⑥

　　随着现代社会的发展,不孕不育的患病率在不断上升。人类辅助生殖技术有待进一步向前推进。克隆人技术的发展为人类辅助生殖技术提供了新的技术途径。生殖性克隆可以为不孕不育的夫妇提供一种

①　See, e.g., National Bioethics Advisory Commission, Cloning Human Beings, 1997, p.76.

②　See Sarah S. Brown & Leon Eisenberg, Unintended Pregnancy and the WellBeing of Children and Families, The Journal of the American Medical Association, 274 JAMA 1332, 1995, p.1332.

③　Lawrence Wu, FAMILY PLANNING THROUGH HUMAN CLONING: IS THERE A FUNDAMENTAL RIGHT? 98 Colum. L.Rev. 1461, 1998, p.1487.

④　See Jean Macchiaroli Eggen, The "Orwellian Nightmare" Reconsidered: A Proposed Regulatory Framework for the Advanced Reproductive Technologies(1991), 25 Ga.L.Rev. 625, p.647.

⑤　John A. Robertson, Children of Choice: Freedom and the New Reproductive Technologies, Princeton University Press, 1994, p.1.

⑥　Elizabeth Price Foley, Human Cloning and the Right to Reproduce, Albany Law Review, 2002(65).

新的生育方式。从产生一个孩子的角度来看,生殖性克隆可以被视为一种新的辅助生殖技术,为生育权的实现提供新的选择。

对于不孕不育的夫妇来说,只有少数人能够通过辅助生殖技术成功生育,很多夫妇只能被迫运用他人捐出的精子或卵子达到生育目的。生殖性克隆作为潜在的替代性生育方式,能够创造一个与夫妇一方基因相关的孩子,而无需第三方的介入。对于女同性恋者来说,通过克隆人其可以获得独立生育的能力,并不需要男性的参与。那些其中一方携带遗传疾病的夫妇,通过克隆其中未携带遗传疾病一方的基因而生育孩子,可能是他们拥有一个与自己基因相关的孩子的唯一方式。对于那些失去孩子或即将失去孩子的夫妇来说,通过克隆生育的方式产生一个与其孩子基因相同的个体,可以获得心灵上的慰藉。①有观点认为,生育自由建构于个体的地位与尊严之上。成为父母的选择权是个体社会地位与自我意识的选择,在组织化的社会中,否定这一选择的权利实际上否定了人应当具有的被作为人来对待的权利。②生育权有助于确保一个民族的生存和延续③,能够创造家庭,维护社会与政治的总体稳定④,能够创造生命,使个体的基因得以在后代延续。

生殖性克隆与传统的性交生殖及人工辅助生殖并没有本质上的不同。有学者指出,如果生育权意味着可以通过人工授精、胚胎移植等技术生育孩子,那么通过核移植技术生育一个孩子也同样应当受到保护,并且后者仅仅需要一方的基因,在遗传基因方面还具有相对优越性,因此应当在宪法生育权的保护范围之内。⑤对于那些不能生育并想拥有

---

① Maureen McBrien, Human Cloning: Beyond the Realm of the Constitutional Right to Procreative Liberty, 21 Buff. Pub. Int. L.J. 107 2002—2003. pp.113—115.甘绍平:《克隆人:不可逾越的伦理禁区》,载《中国社会科学》2003年第4期。

② Karst, Foreword: Equal Citizenship under the Fourteenth Amendment, 91 Har.L.Rev.1, 32, 1977.

③ Skinner v.Oklahoma, 316 U.S. 535, 541(1942).

④ See Bruce C. Hafen, The Constitutional Status of Marriage, Kinship, and Sexual Privacy-Balancing the Individual and Social Interests, 81 Mich. L.Rev. 463, 1983.

⑤ See Lori B.Andrews, Is There A Right To Clone? Constitutional Challenges to Bans on Human Cloning, 11 HARV. J.L. & TECH. 643, 1998(11). pp.665—666.

一个生物学上与自己相关的后代的已婚夫妇来说,通过生殖性克隆方式拥有孩子是其基本的自由。①有学者认为,生育的权利包括决定选择生育方式的权利,包括通过冷冻胚胎和孪生方式生育,可以运用核移植技术,禁止生殖性克隆作为一种生育方式无异于否认一个人的生育自由。②从生育自由的结果来看,生育意味着孩子的诞生。有学者认为,反对通过克隆人生育孩子的观点多是源于内心的恐惧,而这并不能证明禁止克隆人的正当性,也不能基于此限制生育自由。无论是克隆人还是传统的生育方式或已经广泛运用的人工辅助生殖技术,其结果都是意味着一个生物学上的孩子的诞生,这本身在生育权的核心保护范围之内,而生育方式上的不同并不会带来本质区别。③孩子的诞生确实是宪法上生育权保护的重要目的之一。美国国家生物伦理咨询委员会报告指出,如果夫妻双方都含有致命的隐性基因,可通过其中一人克隆一个孩子;如果丈夫已经去世,他们的孩子也即将去世,其妻子想要一个其死亡丈夫的后代;或者从一个病危孩子身上,通过克隆人获取骨髓捐赠者;这些情况下的克隆人是可以理解的,甚至是可期待的。④并且,与传统生育中为孩子提供了基因的父母相比,其在基因遗传上是克隆孩子唯一的遗传父母。⑤

2. 科研自由

立法禁止克隆技术还在科学研究领域遇到来自宪法上的挑战。有观点认为立法禁止克隆人技术侵犯了宪法上的科研自由。科研自由是指公民得依法自由探讨科学领域的问题、发表自己的研究成果

①　John A. Robertson, Children of Choice: Freedom and The New Reproductive Technologies, Princeton University Press, 1994, p.169.

②　June Coleman, Comment, Playing God or Playing Scientist: A Constitutional Analysis of Laws Banning Embryological Procedures, 27 PAC. L. J. 133, 1996, p.1364.

③　Elizabeth Price Foley, Human Cloning and the Right to Reproduce, Albany Law Review, 2002(65).

④　See National Bioethics Advisory Commission, Cloning Human Beings: Report and Recommendations of The National Bioethics Advsiory Commission, p.79.

⑤　Francis C. Pizzulli, Note, Asexual Reproduction and Genetic Engineering: A Constitutional Assessment of the Technology of Cloning, 47 S.CAL. L.REV. 476, 1974, p.550.

及研究成果受保护的自由。当前无论生殖性克隆还是治疗性克隆，首先都体现为一项科学研究。有的学者指出，禁止克隆人的立法难有法理上的正当性，违背科学研究的自由原则。①有的学者甚至认为，立法禁止克隆人限制科学的发展，是反科学的！②这些来自宪法上的挑战，意味着克隆人技术的立法需要充分考量宪法保护的科研自由的价值。对克隆人技术立法予以宪法规制有助于维护克隆人技术立法的合宪性基础。

（二）功利主义

克隆人技术立法宪法规制的价值基础也面临功利主义的冲击。功利主义是把"功利"或"最大幸福原理"当作道德基础的信条主张。行为的对错，与它们增进幸福或造成不幸的倾向成正比。所谓幸福是指快乐和免除痛苦，所谓不幸是指痛苦和丧失快乐。③克隆人技术能够被用于治疗疾病，保障国民健康，并且能够促进科技进步与国家经济发展。从这一功利主义的视角考虑，基于生命与人的尊严价值而禁止克隆人技术面临重大挑战。

1. 治疗疾病与保障国民健康

克隆人技术立法涉及对胚胎研究的限制，关系到民众的健康与国家整体利益的最大化。当前立法允许从事克隆胚胎研究的重要考量因素便是其有助于获取医疗知识、治疗多种疾病，为民众的健康带来希望。英国沃诺克委员会的报告中指出，胚胎研究能够增加和发展人类对早期胚胎的认知，对于不孕不育症和其他疾病的治疗非常重要。1999年克林顿总统指定国家生物伦理委员会在讨论联邦支持胚胎研究的过程中，也表明有些类型的研究在道德上是可以接受的，在科研上是必要的，认为公共财政资助胚胎相关研究的道德正当性

---

① 魏宏：《对禁止克隆人试验立法正当性的质疑》，载《南京师大学报（社会科学版）》2003年第5期。

② 吕映辉：《何祚庥：克隆人可以先克隆我》，http://www.syd.com.cn/syjb/2003-04/25/content_461307.htm，访问日期：2012年5月2日。

③ ［英］穆勒著：《功利主义》，徐大建译，上海人民出版社2008年版，第7页。

在于这一研究能够为遭受严重疾病、甚至致命性疾病折磨的人带来健康利益。[①]2005 年 3 月 8 日第五十九届联合国大会批准《联合国关于人的克隆宣言》时,中国投反对票,认为治疗性克隆对于挽救人类生命,增进人类身体健康有广阔前景和深厚潜力,如把握得当,可以造福人类。

2. 科技进步与国家经济发展

胚胎研究,尤其是以胚胎干细胞研究为基础的治疗性克隆研究对于国家的经济发展与生物医疗技术在国际社会上的地位会产生重要影响。治疗性克隆(器官移植)每年有数十亿美元的潜在市场,对其予以较少的立法限制,有助于国家充分利用这一刚刚起步的产业所带来的经济发展机会。如果对其加以禁止,会妨碍生物技术公司进入这一市场,并可能导致这一领域的科研人员等人才外流。[②]2008 年英国修改后的《人类受精与胚胎法》在允许克隆胚胎的基础上,对于胚胎的研究范围进一步予以放宽,其目的在于保持立法与科技、社会和医学发展的协调。[③]1996 年美国国会颁布的《迪基韦克修正案》与 1997 年克林顿总统对胚胎研究不予财政资助,2001 年布什总统对胚胎干细胞研究资助适度放宽,2009 年奥巴马总统对胚胎干细胞研究资助范围进一步放宽。美国在这一政策上的转变重点考量了胚胎研究带来的科技与经济发展方面的利益。

第五节　生命与人的尊严和其他宪法价值冲突的协调

一、生命与人的尊严价值的优先地位

在克隆人技术立法宪法规制过程中,需要通过生命与人的尊严价值抑制超越于社会共同体之上的个体主义的价值主张,在相互冲突的

---

① Matthew Weed, Discourse on Embryo Science and Human Cloning in the United States and Great Britain: 1984—2002, 33 J.L.Med. & Ethics 802, 2005, pp.802—810.

② Paul Lesko, Kevin Buckley, Attack of the Clones ... and the Issues of Clones, Columbia Science and Technology Law Review, 2002, p.8.

③ 参见张善斌、李雅男:《人类胚胎的法律地位及胚胎立法的制度构建》,载《科技与法律》2014 年第 2 期。

宪法价值之间进行协调。在克隆人技术立法宪法规制中,基于自由主义价值的主张多是建构于个体主义之上的,强调个体的权利与自由。这在美国宪法学界尤为突出。比如美国有学者主张,生殖性克隆技术作为一项生育技术属于美国宪法第五修正案和第十四修正案的正当程序条款保护的个体自由,而政府禁止生殖性克隆需要接受严格审查。①这一基于自由主义价值的主张与美国宪政精神中强调的个体主义相契合。美国社会的精神气质是一种反国家主义的个体主义。②相比之下,德国更强调共同体的价值,生命与人的尊严作为共同体中的基础价值要优先于基于个体主义的自由权的主张,在克隆人技术中,不得基于科研自由或生育自由而对生命与人的尊严价值构成侵蚀。德国基本法中个人依赖于共同体并向共同体履行其义务,基本法赞成个体与共同体之间的关联,但是又不伤及人的个体价值。③克隆人技术对生命与人的尊严构成的冲击是对人类社会存续的基础价值的威胁,对个体自由的主张不得损害人类社会的基础价值。在各国不同的宪法规范秩序中,需要在规范克隆人技术立法过程中确立生命与人的尊严价值的优先地位。

二、生命与人的尊严的价值协调空间

在克隆人技术立法宪法规制过程中,生命与人的尊严价值与其他的宪法价值冲突的协调中,需要坚守生命与人的尊严价值的基础地位,并对相互冲突的宪法价值进行协调。

生命与人的尊严价值的优先地位并不意味着对于生命与人的尊严的保护是绝对的,没有任何协调空间。即使在德国,根据联邦宪法法院的判例,对于生命权的保护不是绝对的,尽管其代表了宪法秩序中的基础价值。对于生命价值得基于法律而附加限制,法律允许对生命的保

---

① Note, Human Cloning and Substantive Due Process, Harvard Law Review, June, 1998.

②③ 王贵松:《价值体系中的堕胎规制——生命权与自我决定权、国家利益的宪法考量》,载《法制与社会发展》2007 年第 1 期。

护加以分类。生命保护和科研人员的自由权价值之间可以协调。①德国基于尊重保障生命与人的尊严的价值考量，通过《胚胎保护法》严格禁止生产胚胎用于治疗性克隆和生殖性克隆。即使如此，德国政府和科学界仍试图通过利用进口的人类胚胎进行相关实验，因为胚胎的研究能够治疗疾病，可以带来巨大的医学和经济利益。在德国几个研究机构从外国进口人类胚胎进行研究的带动之下，当时的施罗德总理就比较倾向于在"既成事实"的情况下，允许对这些胚胎进行研究。②有学者认为，人的胚胎并不是基本权利的承载主体，因而也不是人的尊严的承载主体。对体外试管胚胎进行研究对于提升人的尊严具有必要性。减轻和治愈人类遭受的疾病，与保护胚胎相比较而言，代表了受宪法保护的更为重要的价值。③

　　为协调研究自由与胚胎生命价值之间的冲突，德国议会于 2002 年 6 月 28 日通过《胚胎干细胞进口与使用有关胚胎保护法》对胚胎干细胞相关的研究予以适当放宽，但同时仍坚守生命和人的尊严价值的基础性。该法第 1 条规定："考虑到国家尊重和保护人的尊严、生命权以及确保研究自由，该法律的目的在于：1.原则上禁止进口或使用胚胎干细胞；2.在德国，禁止引发生产胚胎干细胞的需求以及以获取胚胎干细胞为目的的胚胎生产；3.在例外情况下，应当明确允许以研究为目的的胚胎干细胞的进口与使用的基本要求。"该法第 4 条到第 6 条进一步明确了在例外情况下胚胎干细胞进口和使用的基本要求，比如，"任何胚胎干细胞的进口和使用都需要经过主管机关批准"；"胚胎干细胞必须是在 2002 年 1 月 1 日之前在产出国依法获取，并在培养中或随后被低

　　① Brigitte Zypries, Berlin, From Procreation to Generation? Constitutional and Legal-Political Issues in Bioethics, In: Human Dignity and Human Cloning, edited by Silja Vöneky & Rüdiger Wolfrum, Martinus Nijhoff Publishers, 2004, p.111.

　　② 晓云：《德国在人类胚胎干细胞研究和伦理之间寻求平衡》，载《世界科技研究与发展》2001 年第 6 期。

　　③ Jörn Ipsen, Osnabrück, Does the German Basic Law Protect against Human Cloning?, In: Human Dignity and Human Cloning, edited by Silja Vöneky & Rüdiger Wolfrum, Martinus Nijhoff Publishers, 2004, p.74.

温储藏"。并且,"以提取干细胞为目的的胚胎捐赠未被给予补偿或金钱利益";胚胎干细胞研究只能"服务于卓越的科研目的:在基础研究中获得科学知识或能够发展可用于人类疾病的诊断、预防和治疗方法而增加医学知识";"通过相关研究项目获取的科学知识无法通过使用胚胎干细胞之外的细胞来获取"。值得注意的是,《胚胎干细胞进口与使用有关胚胎保护法》第4条第2款规定:"其他法律规定,尤其是胚胎保护法的相关规定,与胚胎干细胞的进口和使用并不抵触。"由此可见,基于胚胎生命和人的尊严的价值考量,即使作出妥协,德国对于胚胎干细胞的研究仍然持严格规制的基本立场。在德国国内进行克隆胚胎的生产依然是被禁止的。

第四章

克隆人技术立法宪法规制的规范基础

生命与人的尊严已从最初的伦理价值逐步转化成为宪法价值,其作为克隆人技术立法宪法规制的价值基础形成了具有内在逻辑融贯性的形式体系与内容体系。但生命与人的尊严在形式体系与内容体系中的进一步展开,需要依托宪法文本这一规范平台。生命与人的尊严的价值基础地位面临的挑战以及相关价值冲突问题,都可以转化为宪法文本之中不同宪法规范之间的冲突问题,在宪法规范体系中寻求解决与协调。

第一节 宪法规制与宪法文本

一、宪法文本是宪法规制的依据

宪法是保障公民基本权利的基础,也是社会共同体基本价值的体现。宪法文本中记载着社会共同体的价值共识。宪法学就是面对文本之内的规范来阅读、解释、理解宪法,并为宪法适用提供理论依据。①宪法文本为立法的宪法规制提供规范依据。在宪法文本中往往会明确规定宪法的最高法地位,其他法律不得与宪法相冲突。比如加拿大《宪法》第 52 条第 1 款的规定,"加拿大宪法是加拿大的最高法。任何与宪

---

① 韩大元:《认真对待中国宪法文本》,载《清华法学》2012 年第 6 期。

法规定相冲突的法律规范无效"。我国《宪法》第 5 条第 2 款至第 4 款确立了宪法的最高性和基础性。宪法文本一般都规定了公民的基本权利、宪法审查相关的制度,为立法宪法规制的实现提供制度保障。对于任何立法的宪法规制,都要首先回到宪法文本,通过宪法文本的解释和适用来审视相关立法的合宪性基础。

只有从宪法文本中建构具体的规范,才能通过规范本身的"应当效力"去处理和平息原则之间、价值之间的纷争。[1]在克隆人技术立法的宪法规制上,生命和人的尊严是其宪法规制的价值基础,但价值层面的生命和人的尊严存在诸多不确定性和模糊性,并且与科研自由、生育自由等价值存在冲突,对于这些宪法价值之间的冲突需要寻求规范的途径加以协调,而宪法文本为协调上述宪法价值的冲突提供了规范依据。从宪法原理上分析克隆人技术立法的合宪性问题,也需要回归到宪法文本和对宪法文本的解释上来。

二、宪法规制是宪法文本的实施

宪法规制是针对特定的国家立法、行政或司法行为的限制和约束,是宪法文本的实施和运行。宪法文本规定了国家立法的主体和立法权行使的边界,在国家立法权行使的实践中,需要通过宪法规制确保宪法规定得到遵守,从而保障公民基本权利、维护宪法权威。值得提出的是,宪法文本在体系上具有开放性,不能将宪法文本僵化地理解为宪法的文字。比如,我国宪法没有明确规定公民的生命权,但生命权完全可以从我国宪法文本中规定的人权、人身自由、人格尊严等条款中通过解释而得出。再比如,在美国和加拿大,科学研究自由不是宪法明确规定的自由,但可以通过对宪法上的言论自由和表达自由条款进行解释而得出。因此,在立法宪法规制的过程中,需要通过对宪法文本进行适当解释,确保宪法文本的价值在立法过程中得到落实。

---

[1] 王旭:《作为公共理性之展开的宪法实施》,载《环球法律评论》2012 年第 6 期。

克隆人技术立法宪法规制过程也是确保宪法文本上的生命权和人的尊严等宪法价值在克隆人技术立法中贯彻落实的过程。对于生命权、人的尊严和科学研究自由、生育权等宪法价值的冲突问题，通过宪法文本确立的宪法解释机制和程序得以妥当解决。

第二节　克隆人技术立法方向的宪法依据

克隆人技术的立法方向是指在克隆人技术立法规制中，国家立法对克隆人技术的总体态度和倾向。无论是针对生殖性克隆还是治疗性克隆，各国立法都需要先确定立法的整体方向，在立法支持与反对这两种截然相反的方向上作出判断和选择。这一立法方向的抉择过程，需要审视对于克隆人技术的伦理价值观念，更需要回归到具有最高规范效力的宪法文本，在宪法文本确立的规范秩序中为克隆人技术的立法方向寻求规范指引。回归到宪法文本，生殖性克隆与治疗性克隆的两种相反的立法方向都能在宪法文本上找到一定的规范依据。这一回归宪法文本的过程是克隆人技术立法宪法规制的必要步骤，这一过程中围绕克隆人技术立法方向的不同社会价值观的冲突转化为宪法文本上不同宪法价值之间的冲突问题。具体到某个国家克隆人技术立法方向的选择上，可以通过宪法解释技术对宪法文本中相互冲突的宪法价值进行协调，进而寻求合乎宪法规范的立法方向。

一、生殖性克隆立法的宪法依据

（一）支持生殖性克隆的宪法依据

在各国有关克隆人技术立法的讨论中，支持生殖性克隆的观点在宪法文本上的主要依据体现在生育权与科学研究自由宪法保护的相关条款之中。

第一，生育权的宪法保护条款是支持生殖性克隆的重要宪法依据。宪法上的生育权是一项选择生育或不生育并排除国家干预的消极权利。生育权不是一项要求国家或他人提供必要手段或资源以实现生育或不生育目的的积极权利。①生育权作为人类生存和延续的基础性权利,在各国宪法的保护范围之中。各国宪法文本上对于生育权的保障具有不同类型,主要包括:

其一,宪法文本中明确规定生育权。比如,南非《宪法》规定:"任何人都具有身体和精神上的完整权,这包括:(a)关于生育的决定权……"②

其二,生育权在宪法上属于正当程序条款的保护范围。比如,在美国,生育权并没有在宪法中明确规定,但根据美国宪法第十四修正案"非经正当法律程序,不得剥夺任何人的生命、自由或财产",生育权属于该修正案保障的"自由"。美国联邦最高法院在一系列判例中确认生育权在宪法第十四修正案的保护范围之内。在1923年的迈耶诉内布拉斯加(Meyer v. Nebraska)案中,最高法院认为宪法第十四修正案的正当程序不仅表明了个人免于身体受限制的自由,还表明了个人具有缔结合同、从事任何生活中的一般性职业、获取有用知识、结婚、组建家庭和养育孩子等权利。这些自由和权利不得在公共利益的伪装下,通过任意的或与相关目的没有合理关联的立法行为加以干预。③1942年美国联邦最高法院的司基尼诉俄克拉何马州(Skinner v. Oklahoma)案中,针对俄克拉何马州的绝育法,最高法院指出:"婚姻和生育是民族生存和延续的基础。绝育权力倘若加以实施,将产生敏感而深远的毁灭性影响。从罪恶与鲁莽的角度分析,它将会导致那些对优势群体不利的种族和群体的减少或消失。该法律触及的个人权利无法得到救济。州的任何尝试行为都将导致无法补救的伤害,其永久地剥夺了个人的基本自由。"④该案为对政府涉嫌侵犯生育权案件的严格审查奠定了基础。1992年的普兰内德诉凯西(Planned Parenthood v. Casey)案中,美国联邦最高法院指出:"我们的法律对于个人在婚姻、生育、避孕、家庭

---

① John A. Robertson, Children of Choice: Freedom and the New Reproductive Technologies, Princeton University Press, 1994, p.23.

② Donrich W. Jordaan, Human Reproductive Cloning: A Policy Framework for South Africa, South African Law Journal, Vol.119, Issue 2(2002), p.297.

③ Meyer v. Nebraska, 262 U.S.390(1923).

④ Skinner v. Oklahoma, 316 U.S.535(1942).

关系、子女抚养等事项上的决定提供宪法上的保护。……这些事项涉及个人最为私密和私人化的选择，也是涉及个人尊严和自治核心领域的选择，是宪法第十四修正案保护的自由权的核心。"①1997 年的华盛顿州诉格鲁兹堡（Washington v.Glucksberg）案中，美国联邦最高法院指出："正当程序条款保护的自由尤其包括结婚、拥有孩子、教育和抚养孩子、夫妻隐私、避孕、保持身体完整及堕胎的自由。"②

其三，生育权可以通过对宪法文本中保护隐私、婚姻与家庭的相关条款加以解释而得出。比如，我国宪法文本没有明确规定公民的生育权，但生育权可以从《宪法》第 49 条中有关"婚姻、家庭、母亲和儿童受国家保护"这一条款中得出。生育权是婚姻和家庭存续的基础，从长远看来，没有生育权就没有婚姻和家庭，也没有宪法上的"母亲"或"儿童"，生育权隐藏在"婚姻"和"家庭"事务相关的隐私领域的决定权之中。并且，从《宪法》第 49 条解释出生育权还可以在宪法上的"人权条款"和"夫妻双方有实行计划生育的义务"条款中得到进一步的支持。生育权是国际社会公认的基本人权，我国 2004 年《宪法》修正案有关"国家尊重和保障人权"的规定可以为生育权被解释为基本权利提供规范基础。《宪法》总纲规定的夫妻双方有实行计划生育的义务的逻辑前提必然是对生育权的承认。③在美国，最高法院除了从宪法第十四修正案的正当程序条款中通过法律解释得出生育权外，还从隐私权宪法保护的相关条款中得出生育权。比如，1965 年最高法院的格里斯沃尔德诉康涅狄格州（Griswold v.Connecticut）案中，最高法院明确对隐私权加以概括，认为宪法保障建构了隐私领域。隐私权存在于宪法第一修正案、第四修正案、第五修正案和第九修正案等宪法条款确立的权利的"半影"之中。使用避孕药是一种"夫妻的隐私"，康涅狄格州控制生育的法律侵犯了夫妻的隐私权。最高法院指出："我们应当允许警察搜查夫妻的卧室这一神圣领域以确定是否使用避孕药吗？这一观念与围绕

①　Planned Parenthood v.Casey，505，U.S.833(1992).

②　Washington v.Glucksberg，521 U.S. 702(1997).

③　韩大元主编《中国宪法事例研究（第五卷）》，法律出版社 2010 年版，第 53 页。

夫妻关系的隐私观念相背离。我们所面对的隐私权比《权利法案》、政党组织以及学校体系更为古老。"①1972年最高法院的艾森斯塔德诉贝尔德(Eisenstadt v.Baird)案中,法院认为未婚的个人与已婚者具有相同的获取避孕药的权利。法院认同Griswold案确立的隐私权根植于夫妻关系之中,但同时认为,"已婚夫妇并不是一个具有自身意志的独立实体,而是由两个在智识与情感构成上相分离的个体的联合。如果隐私权意味着什么,那便是任何人无论婚否,都有免于政府无端干预而决定是否生育一个孩子的重要事项的决定权"。②1973年最高法院在罗伊诉韦德案中涉及的堕胎权被认为保护那些试图堕胎的妇女的生育权。最高法院指出:"隐私权,无论其是否蕴含于第十四修正案的个人自由概念之中并对州行为施加限制,我们认为并且地方法院也同样认为,第九修正案保留给人民的权利非常广泛,足以包括妇女是否选择终止妊娠的权利。"尽管此案引发了激烈争议③,但法院牢固确认了妇女有隐私和堕胎的权利。

宪法保护的生育权不仅意味着公民可以借助传统的生育方式拥有孩子,而且还意味着可以借助任何人工辅助生殖技术生育孩子。生殖性克隆与传统的生育方式和已经广泛运用的人工辅助生殖技术的结果都意味着一个生物学上的孩子的诞生。从产生一个孩子的结果上来看,生殖性克隆在生育权的保护范围内,国家对其不得予以任意干预。因此,宪法上保护生育权的有关条款可以被用于支持生殖性克隆的合法化,或被用于论证禁止克隆人的立法违宪。

第二,科研自由的宪法保护条款也是支持生殖性克隆的重要宪

---

① Griswold v.Connecticut, 381, U.S. 484(1965).

② Eisenstadt v.Baird, 405, U.S. 438(1972).

③ 拜伦·怀特大法官在反对意见中表明了立场:"我从宪法的语词与历史中找不到任何支持法院判决的依据。法院只是在几乎没有任何理由和权力的情况下,为怀孕妇女构造和宣布了一项新的宪法权利,并使其实质化,推翻了当前多数州的堕胎立法。问题的要点在于,50个州的人民和立法机关被以宪法之名剥夺了在胎儿存在与发展的重要性方面的裁量权力。……通过行使这一新的司法权力,法院可能具有作出该判决的权限,但是,我认为这一裁判不具有先见之明,过度行使了宪法赋予法院的司法审查权。"See Roe v.Wade, 410 U.S. 113(1973)。

法依据。在科学研究领域,从事生殖性克隆属于对科学领域的探索,在科学研究自由的宪法保护范围之内。立法禁止科研人员从事生殖性克隆技术的研究,有违宪法科学研究自由之嫌疑。①从事科学研究的自由是公民的基本权利,普遍受各国宪法保护。各国宪法文本对于科学研究自由的保障存在一定的差异,主要分为如下几种类型:其一,在宪法文本中明确规定科学研究自由。比如我国《宪法》第 47 条规定,"公民有进行科学研究、文学艺术创作和其他文化活动的自由"。《德国基本法》第 5 条规定,"艺术与科学、研究与讲学均属自由"。其二,科学研究自由属于宪法文本上言论自由的保护范围。比如,美国宪法文本之中没有明确规定科学研究自由,但科学研究自由可以通过对宪法第一修正案的言论自由进行解释而得出。根据美国宪法第一修正案的规定,国会不得制定限制言论自由的法律。美国最高法院在布鲁兹伯格诉海斯(Branzburg v. Hayes)案中认为,科学研究自由是一种获取"意见"或"言论"的过程,宪法第一修正案保护市集意见(a marketplace of ideas),也保护市集意见产生的过程,因此科研自由在第一修正案的保护范围之内。其三,科学研究自由在宪法文本上表达自由的保护范围。比如,在加拿大,表达自由是加拿大1982 年宪法第 2 条规定的"基本自由",最高法院对于宪法这一条款中的"表达(expression)"进行了宽泛解释,包括任何非暴力地"传达或试图传达信息"的行为,②科学研究自由作为一种表达信息的行为在表达自由的保护范围之内。

　　宪法文本保护的科学研究自由意味着科学研究人员可以在其选择的科研领域自由探索,从事生殖性克隆研究属于科学研究的一部分,任何立法对于科研人员从事生殖性克隆进行限制都要接受严格审查。美国学者 John Kunich 认为,根据美国宪法第一修正案,生殖性克隆作为一种"观念"和"意见"的产生过程是有价值的,不应当受

---

　　①　参见宋伟等:《论克隆技术对我国现行法律制度的影响》,载《科技与法律》2010年第 5 期。

　　②　Irwin Toy v. Quebec, 1 S.C.R. 927(1989).

到限制。①在德国自由权的基本秩序中,科学研究自由是重要的组成部分,此种自由被设定为宪法的内在限制,必须有与之相比重的价值方可予以限制。②可见,任何对生殖性克隆进行限制的立法都必须寻求与这一限制相匹配的宪法价值。宪法上科学研究自由的保障条款是支持生殖性克隆的重要宪法依据之一。

（二）反对生殖性克隆的宪法依据

在个别国家中,反对生殖性克隆的立法能够在宪法文本中找到明确的宪法依据,比如 2006 年 10 月通过的《塞尔维亚共和国宪法》第 24 条直接规定"禁止克隆人",这为国家通过立法禁止生殖性克隆提供了明确的宪法依据。③在多数国家有关克隆人技术立法方向的讨论中,反对生殖性克隆的宪法依据主要体现在生命权、人的尊严、社会与家庭秩序宪法保护等相关宪法条款中。

第一,生命权的宪法保护条款是反对生殖性克隆技术的重要宪法依据。生命权一般是指人的生命不被剥夺的权利。生命权的宪法保护类型包括:其一,在宪法文本上明确规定生命权的宪法保护。多数国家在宪法文本中明确规定了生命权。比如,爱尔兰 1983 年《宪法》第 40 条第 3 款规定:"国家确认未出生者的生命权,对母亲的生命予以同等重视,在法律和实践中,尊重和维护这一权利。"1998 年 6 月 5 日《厄瓜多尔共和国新政治宪法》第 49 条规定:"国家保障的生命权始于怀孕。"1983 年实施、2003 年修订的《萨尔瓦多政治宪法》第 1 条规定:"萨尔多瓦国家活动源于人民、以人民为目的。人类个体从怀孕开始即为人。"其二,宪法文本中没有明确规定生命权,通过相关条款的宪法解释确定生命权的宪法保护。比如,在我国,宪法没有明确规定生命权,但生命权作为其他宪法权利存在的基础性权利可以从《宪法》第 37 条规定的

---

① Meredith Lewis, Book Note: Age of human cloning and the constitutional crisis that may result, Journal of Law and Family Studies, 2004(6).

② 参见陈英淙:《生命权与生命保护》,台湾"中央警察大学"出版社 2006 年版,第 125 页。

③ 上官丕亮:《宪法与生命——生命权的宪法保障研究》,法律出版社 2010 年版,第 117 页。

"人身自由不受侵犯"等条款中解释出来。况且,"是否在宪法上直接规定生命权并不影响生命权作为基本权利的属性与价值"。①

在宪法文本上明确生命权的宪法保障从怀孕开始或规定了未出生者的生命受宪法保护,意味着包括生殖性克隆在内的任何威胁到胚胎生命的行为都构成对生命权的侵犯,在宪法上都是不被允许的,而立法机关负有禁止生殖性克隆、保护生命权的宪法义务。比如,秘鲁宪法将儿童定义为从怀孕开始,并通过立法明确禁止生殖性克隆。1997 年秘鲁《大众卫生法》第 7 条规定:"禁止基于生育目的之外的目的致使人的卵母受精,禁止克隆人。"2002 年秘鲁《刑法》第 324 条规定:"任何人运用基因操纵技术进行克隆人可判处 6 至 8 年有期徒刑,并丧失职业资格。"②生命权的宪法保护条款要求,对任何威胁到人的生命价值的克隆人技术研究都需要对其安全风险进行审慎的评估。在涉及操控人类生命产生的人类生殖技术领域,必须在审视新技术的界限方面抱持必要的谨慎态度。有研究指出,通过辅助生殖技术出生的孩子存在缺陷的概率比传统生育方式高出 30%—40%。③当前尚不成熟的生殖性克隆技术如果被作为一种人类辅助生殖技术,其产生的克隆人的生命健康面临重大风险,有违反宪法保障的生命权之嫌疑。

第二,人的尊严的宪法保护条款也是反对生殖性克隆技术的重要宪法依据。人的尊严最初是一种基础性的伦理价值,后来逐步被转化为宪法价值,20 世纪 30 年代开始被各国写入宪法。人的尊严在各国宪法文本上被实证化的程度存在差异,其宪法保护类型主要包括:其一,宪法文本中明确规定人的尊严。作为有宪法文本依据的规范,这又可区分为概括基本权利模式和具体基本权利模式。④前者如《德国基本

---

① 韩大元:《论生命权的宪法价值》,载张庆福主编:《宪政论丛(第 4 卷)》,法律出版社 2004 年版,第 107 页。

② Report of Ibc On Human Cloning And International Governance, at http://portal.unesco.org/shs/es/files/12828/12446291141IBC_Report_Human_Cloning_en.pdf/IBC+Report+Human+Cloning_en.pdf(last visited March 20, 2015).

③ Michèle Hansen et al., Assisted reproductive technologies and the risk of birth defects—a systematic review, 2005, p.328.

④ 王旭:《宪法上的尊严理论及其体系化》,载《法学研究》2016 年第 1 期。

法》第 1 条第 1 款人的尊严条款,后者如我国《宪法》第 38 条的人格尊严条款。我国宪法上的人格尊严尽管与德国基本法上的人的尊严在立宪背景上具有相似性,①两者之间"存在着某种可互换的意义空间",②但从我国人格尊严在整个宪法权利规范的序列结构中的位置来看,其一般被理解为一项个别性的权利,并不构成一项具有根本性的、贯穿整部宪法的价值。③其二,通过对宪法上的禁止酷刑和正当程序等条款进行解释而得出人的尊严。比如,美国宪法文本中没有明确规定人的尊严,但是可以从禁止酷刑与异常的刑罚条款(宪法第八修正案)、实质正当程序的保护条款(宪法第五修正案、宪法第十四修正案)和最高法院的司法解释中得出。④

宪法上人的尊严的条款可被用于反对生殖性克隆、为立法禁止生殖性克隆提供宪法依据。人的尊严作为宪法上的基本权利意味着包括国家立法机关在内的国家机关负有尊重和保障人的尊严的宪法义务。在克隆人技术立法过程中,立法机关应当贯彻保障人的尊严的宪法义务,对生殖性克隆是否侵犯人的尊严进行充分考量。当前各国立法禁止生殖性克隆的重要宪法考量便在于生殖性克隆侵犯了宪法上的人的尊严。生殖性克隆侵犯人的主体性、个别性和多样性,这使克隆出来的人失去人的基本尊严。⑤在德国,立法禁止生殖性克隆的最为重要的宪法基础在于人的尊严。在美国,生殖性克隆被认为是产生奴役的象征。克隆一个其基因构成已经被知晓的人,侵蚀了他的自由意志,构成基因奴役,与美国宪法第十三修正案的禁止奴役相冲突。禁止生殖性克隆

---

① 《德国基本法》中写入人的尊严的重要背景是二战法西斯犯下的一系列滔天罪行,我国宪法写入人格尊严主要是维护人民主权原则的体现,两者之间在立宪背景上具有相似性。

② 林来梵:《人的尊严与人格尊严——兼论中国宪法第 38 条的解释方案》,载《浙江社会科学》2008 年第 3 期。

③ 谢立斌:《中德比较宪法视野下的人格尊严——兼与林来梵教授商榷》,载《政法论坛》2010 年第 4 期。

④ Vicki C. Jackson, Constitutional Dialogue and Human Dignity: States and Transnational Constitutional Discourse, 65 Montana Law Review 15, 2004, p.16.

⑤ 韩大元:《论克隆人技术的宪法界限》,载《学习与探索》2008 年第 2 期。

的基本原理在于某些人类个体不应存在,或者是他们拥有不可剥夺的不存在的权利,根据宪法第十三修正案和第十四修正案的人的隐私和自主价值而立法禁止克隆人是合宪的。①

第三,社会、家庭秩序的宪法保护条款也是反对生殖性克隆的重要宪法依据。社会与家庭秩序是宪法保护的重要价值。比如,根据我国《宪法》第 49 条第 1 款的规定,家庭受国家保护。根据《宪法》第 51 条规定,公民行使自由和权利的时候,不得损害社会利益。根据《宪法》第 53 条规定,公民应遵守公共秩序、尊重社会公德。在美国,家庭构成了个人生活和私人生活的核心场景。为保护这一场景免受无正当理由的政府干预,法院已经认定维系家庭的完整性,是作为基本权利的隐私权的一个重要方面,受正当程序条款保护。②

宪法保护社会秩序的条款也可以为立法禁止生殖性克隆提供宪法上的依据。宪法对社会秩序的保障意味着立法者在立法过程中具有保护社会秩序的宪法义务,任何对社会基本秩序构成威胁的破坏的行为都应予以立法禁止。生殖性克隆对社会秩序的威胁首先体现在其对基因多样性的威胁。为确保人类社会的存续,生物学上的人类进化是必要的,也是前提性要件。传统男女精卵结合的生育方式,是保障孩子基因面向环境开放的重要方式,是人类能够不断进步的前提和保障。生殖性克隆通过复制人类基因产生孩子,破坏基因多样性,会阻止人类社会的进化。立法者得基于维护宪法保障的社会秩序禁止生殖性克隆。

宪法保护家庭秩序的相关规定也可以为立法禁止生殖性克隆提供宪法上的依据。克隆人不仅改变了社会中关于"人"的观念,还会对人类家庭结构带来不利影响。③在宪法保护的家庭秩序中,亲子关系处于

---

① Francis C. Pizzulli, Note, Asexual Reproduction and Genetic Engineering: A Constitutional Assessment of the Technology of Cloning, 47 S.CAL.L.REV. 476, 1974, p.515.

② [美]阿兰·艾德斯、克里斯托弗·N.梅:《美国宪法个人权利案例与解析》,项焱译,商务印书馆 2014 年版,第 104 页。

③ Adam Greene, The world after Dolly: International regulation of human cloning, George Washington International Law Review, 2001, 33 Geo. Wash. Int'l L.Rev. 341. pp.656—657.

核心地位,而生殖性克隆会改变传统上对父母子女关系的界定。克隆人不是父母基因结合的产物,而是源自一方的基因复制,这搞乱了亲子关系中的各种人文关系,导致亲子关系的混乱。[①]生殖性克隆还可能会导致单亲家庭的增加。基于维护宪法上的家庭秩序,立法者得通过立法禁止生殖性克隆。

二、治疗性克隆立法的宪法依据

(一)支持治疗性克隆的宪法依据

支持治疗性克隆的宪法依据主要涉及宪法上保护科学研究自由和健康权的相关规定。在科学研究自由宪法保护相关条款方面,与上文论述的支持生殖性克隆的科学研究自由保护的相关宪法条款基本一致,下文重点以加拿大宪法上可被解释为保护科学研究自由、支持治疗性克隆的表达自由条款为例进一步予以阐释。

第一,保障科学研究的表达自由条款可以作为支持治疗性克隆的宪法依据。在加拿大,科学研究自由在《宪法》第 2 条的表达自由条款的保护范围之内。表达自由指公民享有的受法律规定、认可和保障的,使用各种媒介手段与方式公开发表、传递自己的意见、主张、观点、情感等内容而不受任何他人或组织干涉、限制或侵犯的权利。[②]表达自由是各国宪法普遍保护的公民基本权利。加拿大宪法文本中明确规定了表达自由,加拿大 1982 年《宪法》第 2 条中关于"基本自由"规定:"任何人都有如下基本自由:(a)良心自由与宗教自由;(b)思想、信仰、观念与表达自由,包括出版与通过其他媒介交流的自由;(c)和平集会的自由;以及(d)结社自由。"加拿大《宪法》第 2 条(b)款规定的表达自由的保护范围是比较宽泛的。加拿大最高法院在审判实践中确立了对基本权利与自由相关解释的整体思路,即在对基本权利与自由的保障的解释方面,重视相关条款的目的,尽可能作宽泛解释。在 1984 年亨特诉索瑟姆有

---

① 张乃根、[法]米雷埃·德尔玛斯-玛尔蒂主编:《克隆人:法律与社会》,复旦大学出版社 2002 年版,第 91 页。

② 杜承铭:《论表达自由》,载《中国法学》2001 年第 3 期。

限公司(Hunter v.Southam)案中,最高法院认为加拿大《合并调查法》(Combines Investigation Act)第10条中关于授权贸易活动监管委员会的搜查规定违反《宪法》第8条对公民基本权利的保护。①在该案中,最高法院对宪法规定的基本权利的解释方法进行了阐释,Dickson J.大法官指出,宪法中规定的基本权利和自由是一种目的性规定,应当注重目的分析,对其应给予"宽泛而自由的"解释。②根据最高法院确立的对基本权利宪法解释的上述基本原理,对表达自由的宪法解释应注重宪法保障表达自由的目的,对其尽量予以宽泛解释,对相关限制予以严格解释。在欧文·托伊诉魁北克省(Irwin Toy v.Quebec)案中,最高法院进一步确立了保护表达自由的三个基本原则:其一,寻求与获取真理是内在的良好行为;其二,参与社会与政治的决策过程应当予以支持与鼓励;其三,个人的自我实现与人的发展方式的多元化应在一个内在宽容、舒适的环境中得以形成,这一环境不只为了意思的表达者,也为了意思的接受者。③可见,加拿大最高法院通过判例确立了比较宽泛的表达自由的概念,任何旨在保护与促进获取真理、民主参与和自我实现这三方面宪法价值的行为,原则上都可纳入表达自由的保护范围。此外,加拿大最高法院对于《宪法》第2条(b)款中的"表达(expression)"进行了宽泛界定,包括任何通过非暴力方式"传达或试图传达信息"的行为。④

加拿大最高法院通过判例确立了表达自由的核心价值,即获取真理、民主参与和自我实现。科学研究包含上述价值。科学的目标在于追求自然真理,获取关于世界的知识。作为现代科学的首要方法,科学实验与上述目标的达成密不可分。科学实验也与个人自我发展和价值实现具有不可分割的联系。⑤如果治疗性克隆研究是非暴力的、具有信

---

① 加拿大1982年《宪法》第8条规定:"任何人都有权排除不合理的搜查或扣押。"Hunter et al. v.Southam Inc., 2 S.C.R. 145(1984)。

② Hunter v.Southam, 2 S.C.R. 145(1984).

③④ Irwin Toy v.Quebec, 1 S.C.R. 927(1989).

⑤ Billingsley & Caulfield, The Regulation of Science and the Charter of Rights: Would a Ban on Non-Reproductive Human Cloning Unjustifiably Violate Freedom of Expression? 29 Queen's L.J., 2004, p.662.

息的交流性,便符合宪法保护的"表达"。在治疗性克隆是否为暴力行为方面,尽管治疗性克隆会破坏胚胎,看似具有暴力性,但由于胚胎在加拿大宪法上不具有人的地位,因此这一主张很难获得法院支持。在博罗夫斯(Borowskiv.A.G.)案中,上诉法院认为胎儿并不在《宪法》第7条的"任何人"的范围之内,也不在《宪法》第15条的"个人"的范围之内。①在治疗性克隆是否具有交流性方面,加拿大最高法院已经确认行为具有交流性或不具有交流性取决于行为当事人的意图。②据此,有观点认为治疗性克隆实验在本质上是向研究人员和他人表达信息。克隆研究人员从事克隆实验的目的是为了获取关于物理世界的信息,这些信息包括是否会有预期结果产生,研究成果的效用、应用与限制等。这些实验与程序是科学研究过程的一部分,包括科学假定的作出和通过实验确定假定的有效性。在科学界,物理实验与程序是重要的交流方式,其目的在于向研究人员和其他人表达信息。并且,研究人员对于实验方法的选择也在表达信息。当研究人员从事治疗性克隆,其可以用来表达此种信息:这对于治疗特殊疾病,如糖尿病、瘫痪,至关重要。研究人员选择在治疗性克隆上花费时间,是因为其坚信这是治疗特殊疾病的最有希望的方法。③加拿大最高法院通过判例指出,任何在目的或结果上限制表达行为的法律,均违反宪法第2条(b)款。④根据上述论证逻辑,如果治疗性克隆是宪法上的"表达"行为,那么对其予以禁止即使没有在目的上构成对表达自由的限制,也会在结果上构成对表达自由的限制。由此,可认定加拿大《宪法》第2条(b)款所保护的表达自由可以作为支持治疗性克隆的重要宪法依据。

第二,宪法保障公民健康权的条款也可以作为支持治疗性克隆的宪法依据。公民健康是国家经济发展和社会进步的基础,也是维护社

---

① Borowski v.A.G.(Can.)(1987), 39 D.L.R.(4th) 731.
② Irwin Toy v.Quebec, 1 S.C.R. 927(1989).
③ Billingsley & Caulfield, The Regulation of Science and the Charter of Rights: Would a Ban on Non-Reproductive Human Cloning Unjustifiably Violate Freedom of Expression? 29 Queen's L.J. 2004, pp.663—666.
④ Irwin Toy v. Quebec(Attorney General), 1 S.C.R. 927(1989).

会秩序和可持续发展的重要保障。在多数国家的宪法中,健康权并不是宪法文本明确规定的基本权利,但可以通过对宪法文本进行解释而得出。比如,在我国,健康权不是宪法明确规定的公民基本权利,但可以从《宪法》第21条有关"国家发展医疗卫生事业、保护人民健康"的条款,第26条有关"国家保护和改善生活环境和生态环境,防治污染和其他公害"的条款,宪法修正案中"国家尊重和保障人权"条款中解释得出,其规范内涵是:公民健康不受侵犯;公民在患病时有权从国家和社会获得医疗照护、物质给付和其他服务;国家应发展医疗卫生事业、体育事业,保护生活和生态环境,从而保护和促进公民健康。①公民宪法上的健康权意味着国家负有保障公民健康的宪法义务。

允许治疗性克隆是国家履行保障公民健康权宪法义务的重要组成部分。治疗性克隆研究能够为器官移植提供急需的人体器官,有助于治疗诸多人类疾病,能够推动国家医疗卫生事业的发展。在我国,可用于移植的人体器官极度缺乏,每年需肝移植病人30万例以上,需肾移植病人150万例以上。②通过治疗性克隆可以从克隆胚胎中提取干细胞,然后将其培养成人们所需要的各种人体器官。因此,宪法中保障公民健康权的相关条款要求国家积极发展医疗卫生事业,为支持治疗性克隆研究提供了宪法依据。

(二)反对治疗性克隆的宪法依据

反对治疗性克隆的宪法依据主要涉及宪法上的生命权和人的尊严的相关条款。各国生命权和人的尊严宪法保护的条款在上文已经阐述。生命权作为基本人权,多数国家都将其明确规定在宪法之中。在德国,对于生命的保护,不限于已经完全出生的人,也不限于独立具备

① 此外,我国《宪法》第36条第3款规定:"国家保护正常的宗教活动。任何人不得利用宗教进行破坏社会秩序、损害公民身体健康、妨碍国家教育制度的活动。"第45条第1款规定:"中华人民共和国公民在年老、疾病或者丧失劳动能力的情况下,有从国家和社会获得物质帮助的权利。国家发展为公民享受这些权利所需要的社会保险、社会救济和医疗卫生事业。"焦洪昌:《论作为基本权利的健康权》,载《中国政法大学学报》2010年第1期。

② 周琪等:《面向未来的新一轮医疗技术革命——干细胞与再生医学研究战略性先导科技专项进展》,载《中国科学院院刊》2015年第2期。

生存能力的胎儿,任何生存着的人的生命都受保障,不得将孕育中的生命的各个阶段或者将未出生和已经出生生命之间作任何差别对待。①在美国,胚胎尽管不具有人的主体地位,但是属于潜在的人的生命,享受特殊保护。在戴维斯诉戴维斯(Davis v.Davis)案中,田纳西州的最高法院认为前胚胎"在严格意义上来说,不是'人'或'财产'而是处于中间类别,基于其为潜在的人的生命,应享受特殊尊重。"②有的国家在宪法文本中明确规定人的生命从怀孕(受精卵形成)开始受宪法保护,这意味着故意生产和损毁克隆胚胎的治疗性克隆在宪法上涉嫌侵犯生命权。国家立法机关为履行保障生命权的宪法义务,应通过立法对破坏人类胚胎的治疗性克隆予以禁止。

人的尊严的宪法保护也是反对治疗性克隆的重要宪法依据。人的尊严的保护涵盖生命孕育过程中的所有阶段,并强加给立法者保护未出生生命的相应义务。倘若可以随意地生产与毁弃胚胎,对于体外或子宫内的胚胎不给予任何法律保护,那么出生前的生命便毫无价值,由此人的尊严作为一项个体权利便受到严重侵害。由此对于出生前生命的所有阶段的立法保护都可以从人的尊严的客观价值中推导出来。③

第三节   克隆人技术立法程序的宪法依据

在克隆人技术立法方向的选择上,应当回归宪法文本,通过宪法文本的解释确立符合宪法规范的立法方向。确定克隆人技术立法方向后,在具体的克隆人技术立法程序中也需要遵循宪法的基本要求。

---

① 张翔主编:《德国宪法案例选释》,法律出版社 2012 年版,第 148 页。

② 842 S.W.2d 588(1992).

③ Jörn Ipsen, Osnabrück, Does the German Basic Law Protect against Human Cloning?, In: Human Dignity and Human Cloning, edited by Silja Vöneky & Rüdiger Wolfrum, Martinus Nijhoff Publishers, 2004, pp.70—73.

一、克隆人技术立法应遵循法律保留原则

由于克隆人技术立法涉及生命权、人的尊严、生育权和科研自由等重要的基本权利,立法内容涉及对违法行为的刑罚和行政法处罚,根据基本权利限制的法律保留原则,应当由议会通过法律予以规制。所谓法律保留原则,是指对基本权利的限制只能由立法机关的法律作出。[1]在德国,基本法没有明确规定法律保留原则,但可以从《德国基本法》第20条第3款的法治国原则和基本权利的保护条款中推导出来。[2]在我国,根据《宪法》第2条确立的人民主权原则和宪法第62条授予全国人大对刑事、民事等基本法律的制定权和修改权等规定,都可推出法律保留原则是一项重要的宪法原则。[3]宪法上的法律保留原则在《中华人民共和国立法法》(以下简称《立法法》)第8条和第9条中得以具体化。从世界各国克隆人技术立法的相关情况来看,由议会(国会)讨论通过克隆人技术相关法律是比较普遍的。有的国家甚至将立法规制的层级上升到宪法高度。

二、克隆人技术立法应遵循民主参与原则

克隆人技术立法不仅涉及民众的生命健康,还涉及科学技术,具有很强的技术性和专业性,应当广泛听取社会群体的意见,这是宪法上民主参与原则的基本要求。根据宪法学基本原理,立法过程应当公开并保障立法的民主参与。立法过程的民主参与是立法应遵循的基本宪法原则。在我国,民主参与原则体现于宪法和《立法法》之中。根据我国《宪法》第2条第3款规定,人民有参与国家立法事务的民主权利,这一权利在《立法法》第5条中得以具体化。根据《立法法》第5条的规定,

---

[1]　张翔:《基本权利限制问题的思考框架》,载《法学家》2008年第1期。

[2]　《德国基本法》第20条第3款规定:"立法权应受宪法限制,行政权与司法权应受立法权与法律的限制。"吴万得:《论德国法律保留原则的要义》,载《政法论坛(中国政法大学学报)》2000年第4期。

[3]　由人民主权原则逻辑性推导出人民代表大会制度是中国人民行使民主权利的根本政治制度,人民代表大会构成国家政治体制的核心,是人民当家作主的最基本形式,因此作为民主的起点和归宿的公民基本权利,自然只能由人民代表按照人民的意志予以保障或限制。秦前红:《论我国宪法关于公民基本权利的限制规定》,载《河南省政法管理干部学院学报》2005年第2期。

应当保障人民通过多种途径参与立法活动。

克隆人技术立法过程中应当重视如下几个群体的参与：第一，法学家。克隆人技术立法涉及重要的法学问题，应当有法学家的参与。第二，伦理学家。克隆人技术立法也涉及重要的伦理问题，克隆人技术立法起草工作也应当吸纳伦理学家的参与。第三，科研工作者。克隆人技术立法过程中，克隆科技方面的专业知识是必要的。克隆人技术立法也会涉及相关专业概念和克隆技术的控制问题，这都需要克隆技术领域的科研工作者参与。第四，民众。克隆人技术立法过程中也需要通过听证程序等方式吸纳民众参与。克隆人技术立法过程的民主参与有助于确保立法的科学性和民主性，也有助于提升民众和科研人员尊重生命和人的尊严的宪法意识。

第四节　克隆人技术立法内容的宪法依据

克隆人技术立法的基本内容方面首先应当遵循宪法上的法律明确性原则，为克隆人技术研究的相关行为提供确定性指引。此外，还应当符合宪法上的比例原则，选择的规制手段与规制目的之间需要合乎比例。

一、克隆人技术立法应遵循法律明确性原则

克隆人技术立法涉及对公民财产和人身自由的限制与剥夺，其在立法内容上应当具体、明确，符合宪法上的法律明确性原则。最初，法律明确性原则作为罪刑法定原则的一部分在刑罚领域发挥作用。二战以后，《德国基本法》第 80 条第 1 款规定，"联邦政府、联邦部长或州政府根据法律的授权颁布行政法规。此项授权的内容、目的与范围应以法律规定之"，创设了授权要件明确性原则，法律明确性原则自此成为一项独立的宪法原则。①法律明确性原则是对法律保留原则

---

① 欧爱民：《法律明确性原则宪法适用的技术方案》，载《法制与社会发展》2008 年第 1 期。

的补充和细化,是为了防止因为限制性规范内容模糊而造成基本权利被过度限制。①在美国,法律明确性原则在宪法文本中没有明确规定,但美国联邦最高法院从宪法第五修正案规定的正当法律程序条款中演绎出"不明确即无效原则"(void for vagueness doctrine)。不明确即无效原则是指限制或剥夺公民基本权利的法律必须是意旨明白、清晰无误的规制,否则,该法律就违宪无效。②法律明确性原则作为法律保留原则的补充和细化,也应当被视为我国宪法上的基本原则。2015 年我国《立法法》在第 6 条的基础上进一步增加第 2 款,对于法律规范的明确性提出了更为具体的要求。克隆人技术立法也应当符合法律明确性原则的基本要求。

二、克隆人技术立法应符合比例原则

克隆人技术立法内容涉及对公民科学研究自由、生育权、财产权和人身自由等基本权利的限制,这一限制也应当遵循宪法上的比例原则。一般而言,宪政意义上的比例原则是调整国家权力和公民个人权利之间关系应坚持的一项基本准则,泛指国家权力行使要妥当、必要、均衡、不过度、符合比例,不得对公民个人权利造成非法侵犯。③比例原则发端于德国行政法,后来将其上升为一项宪法原则。比例原则是指限制基本权利的立法必须在限制的目的与限制的手段之间进行衡量,目的要正当,手段也必须适当而必要,不能不择手段地追求某一目的。比例原则的审查包括四个步骤:目的正当性的审查、适当性原则的审查、必要性原则的审查和狭义比例原则的审查。④

---

① 　[日]芦部信喜:《宪法》,李鸿禧译,台湾元照出版有限公司 2001 年版,第 191—192 页。

② 　1914 年,美国联邦最高法院在 International Harvester Co. v. Kentucky 案中首创了"不明确即无效的理论"。欧爱民:《法律明确性原则宪法适用的技术方案》,载《法制与社会发展》2008 年第 1 期。

③ 　郝银钟、席作立:《宪政视角下的比例原则》,载《法商研究》2004 年第 6 期。

④ 　张翔主编:《德国宪法案例选释》,法律出版社 2012 年版,第 66 页;张翔:《宪法释义学 原理·技术·实践》,法律出版社 2013 年版,第 159 页。

比例原则是各国宪法普遍要求的一项基本原则。比如,在加拿大,《宪法》第 1 条规定:"加拿大权利与自由宪章保障的权利与自由,只有在自由与民主社会中能说明正当理由并基于法律的合理规定才可被限制。"加拿大最高法院在奥克斯(R.v.Oakes)案中进一步确立了分析《宪法》第 1 条的指导性框架,对于本条中法律是否"合理"的判断进行比例原则的审查。①在德国,联邦宪法法院在"药房案"判决中详细阐释了比例原则作为立法机关限制基本权利的审查标准,完成了传统"三阶"比例原则的建构。②在我国,比例原则也可以从宪法文本中解释得出。有学者认为我国宪法上的人权条款及《立法法》第 6 条可有限度地为比例原则提供宪法规范依据。③

克隆人技术立法应当遵循宪法上的比例原则,在立法目的上应当符合宪法保障生命与人的尊严的基本要求,对克隆人技术研究规制手段的选择上应当与立法目的相符合,在所有能够达成目的的规制手段中选择损害最小的手段,所选择的规制手段对公民基本权利造成的损害与所追求的立法目的成比例。

---

① R.v.Oakes,1 S.C.R. 103(1986).
② 刘权:《目的正当性与比例原则的重构》,载《中国法学》2014 年第 4 期。
③ 门中敬:《比例原则的宪法地位与规范依据——以宪法意义上的宽容理念为分析视角》,载《法学论坛》2014 年第 5 期。

第五章

克隆人技术立法宪法规制的实施机制

克隆人技术立法宪法规制的实施机制主要包括三个层面：第一个层面为克隆人技术相关法的合宪性解释，这主要是针对很多国家面临的克隆人技术立法滞后的情况，在直接针对克隆人技术的立法规定缺失的情况下，可以通过对医疗、卫生或胚胎保护等方面的相关法律进行合宪性解释的方法，实现对克隆人技术的法律规制，进而达到通过法律解释保护宪法价值的目的。第二个层面主要是对克隆人技术立法过程的合宪性控制，其目的在于确保克隆人技术在立法方向上能够与生命权和人的尊严这一基础价值相契合，在立法程序上符合宪法确立的基本的立法原则，为克隆人技术立法的合宪性提供价值指引和程序保障。第三个层面主要是对克隆人技术立法内容的合宪性审查。当前，克隆人技术立法在整体上尚处于起步阶段，在实践层面笔者还没有收集到直接针对克隆人技术立法进行合宪性审查的案例，这部分主要梳理学界在理论层面针对克隆人技术立法的合宪性审查的相关讨论。

第一节　克隆人技术相关法的合宪性解释

一、克隆人技术相关法合宪性解释的必要性

纵观世界各国克隆人技术立法的总体情况，立法滞后的现象普遍存在。克隆人技术发展迅速，面对这一在伦理、宗教和法学等领域争议

极大的前沿科技,国家立法过程中往往难以达成价值共识,制定针对克隆人技术的法律难度较大。有些克隆人技术发展相对落后的国家,克隆人技术发展可能带来的问题往往不被重视。这导致克隆人技术立法滞后于克隆人技术发展的情形大量存在。根据 2008 年国际伦理委员会克隆人相关立法的报告统计,当时仅有不超过 60 个国家制定了针对克隆人技术的法律。①当前克隆人技术立法滞后的现象也没有得到明显改观。比如,克隆人技术发展迅速的美国至今在联邦层面没有制定针对克隆人技术的法律。在多数国家的法律体系中,克隆人技术仍处于一种灰色地带,科研人员是否可以从事克隆人技术的相关研究在法律上并不明确。

由于克隆人技术对生命权、人的尊严、社会与家庭秩序等重要的宪法价值构成巨大冲击,国家立法对于克隆人技术的相关研究完全放纵显然具有立法不作为的嫌疑。为消解国家立法的合宪性危机,应当基于保护重要宪法价值的目的,尽量将克隆人技术纳入国家法律体系的规制领域之中。在没有直接针对克隆人技术立法的情形下,可以根据克隆人技术涉及的重要法益,将克隆人技术纳入医疗、卫生或胚胎保护等领域的法律体系中加以规制。在没有直接针对克隆人技术立法的情形下,应当从保护克隆人技术涉及的重要宪法价值的目的出发,通过对医疗、卫生等领域的克隆人技术相关法的解释,将克隆人技术纳入法律规制体系。

在克隆人技术立法滞后的情形下,基于保护重要宪法价值的目的,将克隆人技术纳入相关法律规制体系的过程,也是对相关法律进行合宪性解释的过程。"当法律条文存在较高的抽象性时,可将宪法规定的价值作为法律解释的目的因素。"②对克隆人技术相关法的解释过程

---

① Report of IBC On Human Cloning and International Governance,at http://portal.unesco.org/shs/es/files/12828/12446291141IBC_Report_Human_Cloning_en.pdf/IBC＋Report＋Human＋Cloning_en.pdf(last visited March 16, 2015).

② 张翔:《两种宪法案件:从合宪性解释看宪法对司法的可能影响》,载《中国法学》2008 年第 3 期。

中,胚胎的生命、人的尊严等重要宪法价值可以作为法律解释的目的因素,在法律存在多种解释可能的情况下起到价值指引作用。

通过对克隆人技术相关法的合宪性解释,一方面有助于消解克隆人技术立法滞后带来的合宪性问题,实现对克隆人技术的法律规制;另一方面通过法律解释将重要的宪法价值注入克隆人技术相关法的实施过程之中有助于防止克隆人技术对生命权和人的尊严等价值造成难以挽回的侵害。

二、胚胎生命作为法律解释的目的因素

在克隆人技术的研究中,生殖性克隆与治疗性克隆都会涉及胚胎生命这一重要的宪法价值。在克隆人技术立法滞后的情况下,法院通过对克隆人技术相关法进行合宪性解释实现保护胚胎生命的目的便显得尤为重要。如下以英国1990年《人类受精与胚胎法》(Human Fertilisation and Embryology Act 1990)第1条第1款的争议以及法院在解决争议过程中选择的解释方法为例加以说明。①

(一)英国《人类受精与胚胎法》第1条第1款的争议

1990年英国议会制定了《人类受精与胚胎法》。该法第1条第1款规定:"根据本法,除非有例外规定:(a)胚胎是指受精完成后的活的人类胚胎,并且(b)其涉及的胚胎包括受精过程中的卵子。根据本条规定,除非双细胞合子出现,否则受精没有完成。"随着克隆人技术的发展,对于《人类受精与胚胎法》上述条款的理解产生了争议。对于通过细胞核置换技术产生的胚胎,即克隆胚胎,是否在《人类受精与胚胎法》的规制范围之内,存在不同的主张。英国的珍爱生命联盟(Pro-Life Alliance)为督促英国议会通过新的立法明确禁止克隆人技术,认为《人类受精与胚胎法》第1条第1款(a)项中的胚胎是"受精完成"的胚胎,如果没有"受精"也就无所谓本款(b)项中受精过程中的卵子和关于受

①　Judgments-Regina v.Secretary of State for Health(Respondent) ex parte Quintavalle (on behalf of Prof-Life Alliance) (Appellant), http://www. publications. parliament.uk/pa/ld200203/ldjudgmt/jd030313/quinta-1.htm(last visited Jan.16,2016).

精完成时间的问题。克隆胚胎不需要精卵结合,在结构上与传统受精方式产生的胚胎不同,不在人类受精与胚胎法的保护范围之内,因此克隆人技术的研究不受该法限制。英国人类受精与胚胎管理局(Human Fertilisation and Embryology Authority,以下简称 HFEA)认为克隆胚胎无论在形态上还是功能上与受精产生的胚胎并无不同,在人类受精与胚胎法规定的胚胎范围之内,因此克隆人技术的相关研究在 HFEA 的管辖范围之内。2001 年,布鲁诺·昆塔瓦莱(Bruno Quintavalle)代表珍爱生命联盟,以英国卫生部部长(Health Secretary)为被告提起司法审查,主张克隆胚胎不在 1990 年英国人类受精与胚胎法的规制范围之内。[①]

(二)《人类受精与胚胎法》第 1 条第 1 款的两种解释方案

对于克隆胚胎是否属于《人类受精与胚胎法》第 1 条规定的胚胎,存在两种解释方案。

第一种解释方案,即《人类受精与胚胎法》第 1 条规定的"胚胎"是"受精完成后的"胚胎,也就是说精卵结合是该法定义中的"胚胎"的构成要素。根据这一解释方案,由于克隆胚胎是通过细胞核置换方式产生的胚胎,因此并不属于《人类受精与胚胎法》定义的"胚胎"。

第二种解释方案,即《人类受精与胚胎法》第 1 条规定的"胚胎"是"活的人类胚胎","受精"只是胚胎产生的一种方式。根据这一解释方案,克隆胚胎与通过受精方式产生的胚胎并没有本质的不同,因此属于《人类受精与胚胎法》定义的"胚胎"。

(三)法院在两种解释方案中的选择

对于上述两种解释方案,英国初审法院选择了第一种解释方案,而上诉法院和上议院基于保护胚胎的立法目的对"胚胎"进行目的性扩张解释,选择了第二种解释方案。

初审法院克兰(Crane)法官采用了第一种解释方案。克兰法官从

---

①　R(On the Application of Quintavalle) v. Secretary of State for Heallth. EWHC Admin 918(2001).

文义解释出发认为通过细胞核置换方式产生的胚胎未经过受精过程，不符合《人类受精与胚胎法》第1条第1款(a)项对于胚胎的定义，除非将其改为"（如果受精）受精完成后的活的人类胚胎"，但这一改动实际上重新定义了胚胎，是不被允许的。克兰法官还借助体系解释的方法，认为如果将克隆胚胎纳入第1条规定的"胚胎"的范围之内，会使得《人类受精与胚胎法》附表3中有关精、卵与胚胎使用时经过捐赠者的同意的相关规定的适用变得非常奇怪。根据该法附表3，使用精子、卵子和胚胎进行研究时需要经过捐赠者同意，但是如果该规定适用于克隆胚胎，需要征得捐赠卵子的女性的同意，而不需要经过捐赠细胞核之人的同意。此种适用结果非常奇怪，因为这样一来克隆人技术的实施无需经过被克隆者同意。①

　　对于初审法院的判决，英国政府提起上诉。上诉法院推翻了初审法院的判决，采用了第二种解释方案。菲利普斯（Phillips）法官执笔阐释了判决理由。菲利普斯法官认为，法律解释需要追随科学发展，如果法律解释没有随着科学发展而更新，在迅速发展的科学领域，法律便难以适用。判决引用了威尔伯福斯（Wilberforce）法官在英国皇家护理学院诉卫生与社会保障部案（以下简称Royal案）②中的见解："当新情况或新事物出现时，法院应当考虑其是否落入议会的立法目的范围之中，如果其与立法已经规制的情况属于同类事实，便应作相同认定；如果不扩张解释将新事物纳入规制范围，立法目的便难以实现时，也应作相同认定。法院在涉及相关限制性条款而非自由或容许性条款时，应更倾向于不作扩张解释。"菲利普斯法官认为克隆胚胎与通过受精产生的胚胎相比，在结构上是相同的，都可能发展成为人类，属于同一类事实。同时，菲利普斯法官通过沃诺克（Warnock）报告考察了《人类受精与胚胎法》的立法目的，认为1990年该法的立法目的在于监管试管中胚胎

　　①　R(On the Application of Quintavalle on Behalf of Pro-Life Alliance) v.Secretary of State for Health. EWHC Admin 918(2001).

　　②　Royal College of Nursing of the United Kingdom v.Department of Health and Social Security AC 800(1981).

生命的创造与使用,而如果将克隆胚胎排除在该法的规制范围之外,任何人都可随意创造与使用胚胎,《人类受精与胚胎法》的立法目的便难以实现。①

　　该案被上诉至英国上议院,上议院宾汉姆大法官(Bingham)和斯泰恩(Steyn)、霍夫曼(Hoffmann)、米利特(Millett)、斯科特(Scott)四位法官都从保护胚胎的立法目的出发,认为克隆胚胎属于《人类受精与胚胎法》定义范围内的胚胎。

　　宾汉姆大法官认为,作为一项新兴科技,克隆胚胎与传统的受精方式和人工辅助生殖中人工授精方式产生的胚胎都不同。1990 年的《人类受精与胚胎法》的目的在于对人类胚胎及其发展进行法律规制。法院的解释不能局限于相关具体条款的字面含义,法院在解释的界限之内应当贯彻议会的立法目的和意图,因此相关的条款需要被置于立法的历史背景中加以理解。宾汉姆大法官援引了威尔伯福斯法官在 Royal 案中的上述见解,并考察了 1990 年的《人类受精与胚胎法》的立法背景,指出:"1978 年第一个试管婴儿的诞生带来了道德与科学上的争议,从而导致 1982 年玛丽·沃诺克(Mary Warnock)为主席的调查委员会的产生,其目的在于'考虑近期人类受精与胚胎学相关的医学与科学的潜在发展,对此可适用的政策与保障措施,包括这些发展对社会、道德和法律带来的影响,并提出建议。'"这一领域具有高度敏感性,在科学与医学迅速发展的背景下进行立法规制具有很大的难度。1990年的《人类受精与胚胎法》并不是要禁止人工授精胚胎的所有生产与使用,而是在具体规定的条件和限制下,允许某些胚胎的生产和使用。这一方案的优点在于确保这一领域没有任何行为不受管制。宾汉姆大法官认为议会无意对受精方式产生的胚胎与非受精方式产生的胚胎作出区分,因为其根本没有预料到后者也是可能的。该法第 1 条中的"受精完成"并非胚胎定义的一部分,而是在解释胚胎产生的时间。《人类受精与胚胎法》的目的在于保护人类胚胎,这是问题的关键,《人类受精与

----

① 　R(Quintavalle) v.Secretary of State for Health QB 628(2002).

胚胎法》第 1 条第 1 款(a)项的目的在于胚胎,而非胚胎产生的方式。根据威尔伯福斯法官的上述标准宾汉姆大法官认为:(1)克隆胚胎与人工授精产生的胚胎是极为相似的有机体,属于同类事物,将其纳入该法规定的胚胎范围是妥当的。(2)1990 年的《人类受精与胚胎法》在容许某些行为的同时也对相关行为的自由予以限制,其应当被归类为限制性法律还是容许性法律难以判断,因此无需考虑严格的法律条文解释。(3)如果议会立法时认识到克隆胚胎在科学上是可能的,面对这一在宗教、道德和科学领域都很棘手的问题,从理性角度考量,其不会将细胞核置换方式产生胚胎的行为排除在法律规制范围之外。[1]

斯泰恩法官指出 1990 年《人类受精与胚胎法》的名称本身已经明确表明议会试图建构对于人类胚胎的综合保护性规制体系。这一保护性目的并不局限于胚胎产生的某种特定方式,而是具有一般性。没有合理的理由能够解释,通过非受精方式产生的胚胎与受精产生的胚胎不具有相同地位。只有通过扩大解释的方法才能实现立法的目的。《人类受精与胚胎法》第 1 条第 1 款仅仅是对立法目的的一种阐释,第 1 条第 1 款(a)项"受精完成后的活的人类胚胎"可理解为"(如果胚胎经由受精产生)则受精完成的活的人类胚胎"。[2]

霍夫曼法官认为议会在立法对胚胎定义之时并不清楚细胞核置换方式能够产生胚胎。克隆胚胎也属于胚胎,因此应当与受精产生的胚胎一样,被相同对待。法院可以适用威尔伯福斯法官在 Royal 案中确立的基本原则,对胚胎的定义进行解释,以贯彻落实议会保护胚胎的立法目的。[3]

米利特法官认为,法院的解释职责在于确定议会通过法律文字表达的意图,对法律条文需要结合立法的背景加以解读。关键问题在于,

---

[1]　Judgments-Regina v.Secretary of State for Health(Respondent) ex parte Quintavalle(on behalf of Prof-Life Alliance)(Appellant) UKHL 13(2003),para 2—15.

[2]　Judgments-Regina v.Secretary of State for Health(Respondent) ex parte Quintavalle(on behalf of Prof-Life Alliance)(Appellant) UKHL 13(2003),para 26.

[3]　Judgments-Regina v.Secretary of State for Health(Respondent) ex parte Quintavalle(on behalf of Prof-Life Alliance)(Appellant) UKHL 13(2003),para 31—32.

议会只是试图规制通过受精方式产生的胚胎,还是规制通过任何方式
产生的胚胎。对此,米利特法官认为《人类受精与胚胎法》的立法目的
在于规制一般性的胚胎,而不区分胚胎是如何产生的。以细胞核置换
方式产生的有机体一旦分裂到二细胞阶段,则成为一个胚胎。人类胚
胎是活的人类有机体,包含 46 个染色体,具有发育成人的潜力,一旦被
植入妇女体内,会发育为胎儿,最终发育成人。当议会试图规制胚胎产
生及其随后的使用时,其没有对受精产生的胚胎与克隆胚胎作区分。
将通过细胞核置换方式产生的人类胚胎置入动物体内也同样令人厌
恶。议会立法的目的在于保护人类胚胎,而不管其以何种方式产生。
《人类受精与胚胎法》第 1 条第 1 款没有明确将克隆胚胎纳入其中,并
不意味着议会试图将克隆胚胎排除在规制体系之外,只是议会当时没
有预料到而已。该法第 1 条第 1 款(a)项所强调规制的胚胎应当具有
"活的""人类"之特征,这是受本法保护的胚胎所必须具有的实质性特
征。其所关心的是胚胎实质上是什么,而非其产生的方式。而"受精完
成"并不是描述胚胎的实质特征,不构成胚胎定义的组成部分,其仅仅
表明胚胎受到保护需要达到的发育阶段,不适用于受精之外方式产生
胚胎的情况,与胚胎的地位也无关。《人类受精与胚胎法》第 1 条第 1
款(b)项被纳入本法的目的是将本法保护时间从受精完成之时往前推
30 个小时,并不在于限制本法规制的范围,因此也是为了阐释胚胎受
到保护需要达到的发育阶段,不适用于受精之外的方式产生胚胎的情
况,也不是对(a)项的开放性条款的规制范围作限定。克隆胚胎是活的
人类胚胎,具有议会试图规制的胚胎的所有特征,如果将其排除在规制
范围之外便难以实现议会试图对胚胎的创制和使用予以规制的立法目
的。①斯科特法官认同上述法官的观点。

　　可见,上诉法院和上议院都是通过目的解释方法,将克隆胚胎纳入
《人类受精与胚胎法》规定的胚胎范围之内,由此为英国人类受精与胚

---

　　①　Judgments-Regina v.Secretary of State for Health(Respondent) ex parte Quin-
tavalle(on behalf of Prof-Life Alliance)(Appellant) UKHL 13(2003), para 38—49.

胎管理局对克隆胚胎的生产和研究进行规制提供了合法性基础。法院从保护胚胎生命这一重要的基础价值出发选择法律目的解释,放弃严格的文义解释的探索和尝试,尽管受到诸多批评,①但在克隆人技术立法普遍滞后于克隆人技术发展的背景下,法院选择更有利于保护生命价值的解释方案,仍值得提倡。

英国是不成文宪法国家,法院在上述案件的审理中,从保护胚胎生命的立法目的出发对克隆人技术相关法进行的解释与成文宪法国家中法院审理案件时的合宪性解释会有所差别。但从普通法院在法律解释中落实保护"胚胎生命"这一宪法价值的角度考虑,英国法院的上述做法具有普遍的借鉴意义。

三、克隆人技术相关法合宪性解释的界限

合宪性解释也具有一定的界限。当法律条文的规定非常明确时,不应适用法律的合宪性解释。如果法律条文极为明确,而仍要进行所谓合宪性解释,无异于在法律解释的幌子下进行的违宪审查。②克隆人技术相关法的合宪性解释也是如此。英国法院在上述案件中对《人类受精与胚胎法》第1条第1款的合宪性解释方法并没有在其他克隆人技术相关条款的解释中得以运用,而主要原因在于其他相关条款的文义非常明确,解释空间极为有限。比如在案件审理中,对于《人类受精与胚胎法》第3条第3款是否禁止克隆人技术也存有争议。第3条第3款规定对下列行为不授予许可证:"……(d)用任何人、胚胎或即将发育成胚胎的细胞的细胞核,替换胚胎细胞的细胞核。"珍爱生命联盟认为根据本条款,通过细胞核置换方式产生胚胎应当被禁止,因为如果根据

---

① 有观点指出,上议院解释此案时假定议会立法时对于细胞核置换技术并不知情,而事实并非如此,细胞核置换技术于立法时已经存在,并非不可预见。因此,此案是一种司法造法,而非司法解释。See case comment, cloning(cell nuclear replacement): The scope of the Human Fertilisation and Embryology Act 1990, Medical Law Review 135, 2003。

② 张翔:《两种宪法案件:从合宪性解释看宪法对司法的可能影响》,载《中国法学》2008年第3期。

HFEA 的意见通过细胞核置换方式产生胚胎属于 1990 年《人类受精与胚胎法》的保护范围,细胞核置换中的卵子与胚胎应当具有相同的地位。《人类受精与胚胎法》第 3 条第 3 款(d)项禁止对胚胎细胞进行细胞核置换,也应当同样禁止对卵子细胞进行细胞核置换。对此,初审法院、上诉法院和上议院都认为细胞核置换中运用的"卵子"与"胚胎"显然是不同的,禁止对胚胎细胞之细胞核的置换并不意味着禁止对卵子细胞核的置换。上议院法官霍夫曼指出,第 3 条第 3 款(d)项并不一般性的禁止克隆人技术,而只是禁止对胚胎的克隆,该条款的文义非常明确,没有模糊空间,因此法院必须按照文义进行解释,而不能通过立法目的进行解释。①

第二节　克隆人技术立法过程的合宪性控制

克隆人技术立法过程中的合宪性控制主要体现在两个方面:其一,生命和人的尊严价值对于克隆人技术立法方向的引导;其二,民主参与原则在克隆人技术立法过程中的贯彻和落实。

一、生命与人的尊严对克隆人技术立法的指引

生命与人的尊严作为克隆人技术立法的基础价值,在克隆人技术立法过程中能够发挥重要的价值指引作用。根据笔者梳理的资料,最早基于生命与人的尊严价值对克隆人技术予以立法规制的国家是德国。德国规制克隆人的主要立法为 1990 年 12 月 13 日德国议会通过的《胚胎保护法》。该法第 6 节规定了"克隆",其中第 1 条规定:"人为导致人类胚胎发展成与其他胚胎、胎儿、人类个体或已故的人具有相同的遗传基因的任何人,最高可被判处五年有期徒刑或罚金。"第 2 条规定:"将第 1 条所指的胚胎转移到妇女中的任何人,也受

---

① Judgments-Regina v.Secretary of State for Health(Respondent) ex parte Quin-tavalle(on behalf of Prof-Life Alliance)(Appellant) UKHL 13(2003), para 30—36. See Also Jonathan Herring, Cloning in The House of Lords, Family Law 663, pp.663—665.

同等处罚。"可见,德国的《胚胎保护法》禁止克隆人类胚胎,也禁止培育克隆胚胎或将其转移到妇女体内,违者受刑罚处罚。通过对德国《胚胎保护法》立法背景和立法目的的考察,我们发现德国对克隆人技术在内的基因技术进行规制的主要目的在于保护宪法上的生命与人的尊严价值。

20 世纪末,随着基因科技的发展,尤其是随着生殖医学和人类遗传学之外的体外受精新方法的出现,通过试管婴儿方式生育孩子的技术得以迅速发展。德国立法者必须面对这一新的科技挑战,慎重考量新技术与宪法价值的冲突,并通过立法确立这一技术运用于人体的界限。德国《胚胎保护法》从第一次提出草案到公布实施,大约经历了五年时间。1986 年 4 月 29 日,联邦德国内阁首度提出《胚胎保护法》草案,1989 年 9 月 22 日联邦参议院审查完毕,1989 年 10 月 25 日联邦内阁依照审查意见作出说明,1990 年 10 月 24 日联邦众议院审查完毕,1990 年 11 月 9 日联邦参议院通过该法案。1990 年 12 月 13 日,联邦众议院正式通过,1991 年 1 月 1 日开始实施。[①]

《胚胎保护法》的立法过程主要考量了宪法上的生命权和人的尊严。《德国基本法》第 1 条第 1 款"人的尊严不可侵犯"并不是一个事实陈述,而是在基本法的开端构成一种强有力的宪法保障,是整个法律秩序的基础性规范。其中的"不可侵犯"德语为 unantastbar,与《德国基本法》第 19 条第 2 款"触及基本权利的本质内容"所用为同一词,有"不可触碰"之意。[②]人的尊严条款的规范性在该款第 2 句更加明确地得以彰显,要求一切国家权力"尊重和保障"人的尊严。[③]在《胚胎保护法》的立法过程中讨论了人类生命的起始时间问题,这涉及对《德国基本法》第 2 条第 2 款规定的"任何人都享有生命权和身体不受侵犯权"中的

---

① 参见陈英淙:《生命权与生命保护》,台湾"中央警察大学"出版社 2006 年版,第 115—124 页。

② 张翔主编:《德国宪法案例选释》,法律出版社 2012 年版,第 188 页。

③ Christian Starck, Göttingen, The Human Embryo is a Person and not an Object, In: Human Dignity and Human Cloning, edited by Silja Vöneky & Rüdiger Wolfrum, Martinus Nijhoff Publishers, 2004, p.64.

"任何人"的理解。本条中的"任何人"指的是"任何生存着的人",包括未出生的具有人本质特征的生命,这包含了国家的双重义务:第一,保护包括未出生的人和在培养皿中的人的生命;第二,禁止对人类进行构造,不管此种构造是基于何种理念。①德国联邦宪法法院在1975年的第一次堕胎判决中认定包括胚胎在内的未出生的生命在《德国基本法》第1条和第2条规定的人的尊严和生命权的保护范围之内。《胚胎保护法》在制定过程中参考了德国联邦调查小组的观点,认定即使在人类最早期的细胞阶段,也需要考察其是否在人的尊严的保护范围。人类的生命于受精完成(卵细胞与精子结合)即已存在,需要对其加以保护。②《胚胎保护法》在立法理由中所揭示的立法目的,即系在维护《德国基本法》对人的尊严与生命权的保护,将胚胎视为基本法第1条规定的人的生命。③

同时,在《胚胎保护法》的立法过程中还考虑到了生命和人的尊严价值与科学研究自由的价值冲突问题。在德国,科学研究自由不是绝对的,"一个从事学术研究工作者的义务在于,他要拒绝由学术研究获得的、但会'威胁'到宪法生活的学术成果"。④不尊重人的尊严或者人的生命、健康或自由的研究从一开始就是不允许的。⑤因此,为保护生命与人的尊严免遭克隆人技术的侵犯,可通过立法对克隆人技术的相关研究进行必要限制。《胚胎保护法》正是基于保护人的尊严和生命的宪法价值,对克隆人技术研究予以严格的立法禁止,并对违法行

① Wolfgang Graf Vitzthum, Tübingen, Back to Kant! An Interjection in the Debate on Cloning and Human Dignity, In: Human Dignity and Human Cloning, edited by Silja Vöneky & Rüdiger Wolfrum, Martinus Nijhoff Publishers, 2004, p.90.

② 参见陈英淙:《生命权与生命保护》,台湾"中央警察大学"出版社2006年版,第125页。

③ 李震山:《胚胎基因工程之法律涵义——以生命权保障为例》,载《台大法学论丛》第31卷第3期。

④ [德]康拉德·黑塞:《联邦德国宪法纲要》,李辉译,商务印书馆2007年版,第316—317页。

⑤ 《德国基本法》第5条第3款规定:"艺术与科学、研究与讲学均属自由。讲学自由不得免除对宪法之忠诚。"[德]K-A.施瓦茨:《以人类胚胎干细胞为例研究胚胎保护的法律问题》,印晓慧译,载《中德法学论坛》2004年卷。

为予以刑罚处罚。

二、民主参与原则在克隆人技术立法中的贯彻

宪法上的民主参与原则有助于确保克隆人技术立法的科学性和民主性,在各国克隆人技术立法过程中普遍受到重视。下文以韩国克隆人技术立法过程中民主参与的过程为例加以说明。

为应对生物科技对道德与安全的冲击,韩国学者张永达(Young-dal Chang)和李三熙于1997年和1998年向国会提出了两个关于生物科技促进法的修改法案,引发了公众对于生物技术的关注和讨论,并举行了多次听证会。1999年学者李成宰向国会提交了另外一个禁止克隆人的法案。2000年初,生物科技中胚胎干细胞研究迅速发展,在韩国的一个研究团队运用一位30多岁的妇女的卵子和干细胞克隆出胚胎,并试图培育使其能够移植到子宫内,这一消息引发了公众对于胚胎干细胞研究和克隆技术运用界限的激烈讨论。民众基于对克隆人技术的忧虑,普遍要求通过立法规制胚胎干细胞研究。为回应民众的要求,韩国卫生福利部2000年提出了生命科学、健康安全与道德法案,韩国科技部2002年提出了禁止克隆人和胚胎干细胞研究法案。这两个法案都禁止克隆人,并规定对违法者处高达10年的有期徒刑。2002年7月,韩国健康社会研究机构在广泛听取民众意见的基础上提出了生物技术安全法案,2002年9月该法案公布于众,同时举行了公众听证会。值得一提的是,在该法案的起草过程中,举行了多次专家论坛和咨询会议,广泛收集了包括医学团体、法律团体、伦理社群和民众的意见。尽管如此,该法案仍然受到来自不同群体的反对。比如,主张迅速出台生物技术规制方案的联合运动组织要求该法案增加关于“无例外地禁止胚胎克隆和种群杂交实验”的条款,并要求增强国家生物伦理委员会的地位和作用,而生物科研人员反对该法案禁止胚胎研究和物种混杂的研究,要求立法在禁止生殖性克隆的同时,应保障科研人员的研究自由。由于遭到上述反对,该法案需要进一步讨论。2003年10月,在政府各机构和公众听证会经过一年时间的充分讨论后,生物技术安全法

案被提交国会的卫生服务委员会。2003 年 12 月 29 日,该法案获得国会通过。①韩国生物技术安全法案在制定过程中,通过公众听证会和专家座谈会等形式广泛听取了医学、科技、伦理、法律等专家和普通民众的意见,是贯彻民主参与原则的典范。

第三节　克隆人技术立法的合宪性审查

克隆人技术立法的合宪性审查是克隆人技术立法宪法规制的重要实施机制。当前各国有关克隆人技术立法的合宪性审查的讨论,主要集中于立法禁止克隆人技术是否合宪的问题,具体分为立法禁止生殖性克隆的合宪性审查和立法禁止治疗性克隆的合宪性审查。

一、合宪性审查的启动

(一)合宪性审查的启动主体

克隆人技术立法的合宪性审查主要体现在基于生育权、科学研究自由而对立法禁止克隆人技术的合宪性审查。提请克隆人技术立法合宪性审查的主体具有多元性,包括不孕不育的夫妇、想过单身生活的人、同性恋者、科研工作者,社会团体、组织或国家机关等。比如,在我国,根据《立法法》第 99 条规定,可提请合宪性审查的主体比较广泛,包括国务院、中央军事委员会、最高人民法院、最高人民检察院和各省、自治区、直辖市的人民代表大会常务委员会、其他国家机关和社会团体、企业事业组织以及公民。

(二)合宪性审查的启动事由

克隆人技术立法合宪性审查启动事由主要包括如下几个方面:其一,克隆人技术立法主体上的不合宪,比如由行政机关通过行政立法规制克隆人技术可能涉嫌违反法律保留原则。其二,克隆人技术立法在

---

① Mikyung Kim, An Overview Of The Regulation And Patentability Of Human Cloning And Embryonic Stem Cell Research In The United States And Anti-Cloning Legislation In South Korea, 21 Santa Clara Computer & High Tech. L.J. 645, pp.681—686.

程序上违反宪法要求。比如,在我国,根据《立法法》第 96 条的规定,行政法规、地方性法规、自治条例和单行条例等有"违背法定程序的"情形,可由有关机关予以改变或者撤销。克隆人技术立法若"违背法定程序",则属于"同宪法或者法律相抵触"的合宪性审查的启动事由。其三,克隆人技术在立法内容上违反宪法上的法律明确性原则或比例原则,对公民的生育权、科研自由等构成过度限制,也都可能被作为提请合宪性审查的事由。

以上克隆人技术立法合宪性审查的启动事由中,克隆人技术立法的内容上对公民生育权、科学研究自由等构成过度限制为主要事由。以基本权利的限制作为合宪性审查的启动事由,在规范依据上需要结合各国具体的法律制度进行分析,下文以我国和美国生殖性克隆立法对生育权限制的合宪性审查启动事由为例来加以说明。

在我国,生育权作为公民的一项基本权利,在《中华人民共和国人口与计划生育法》(以下简称《计划生育法》)中得以具体化。①无论是公民通过各种途径和方式拥有孩子的积极生育权,还是公民通过各种途径避免怀孕、不生育孩子的消极生育权,都能在《计划生育法》中找到规范依据。2015 年 12 月 27 日,全国人民代表大会常务委员会对《计划生育法》进行了修订。修订后的《计划生育法》第 17 条规定了"公民有生育的权利",这一生育的权利包括通过医疗服务积极寻求生育孩子的权利,也包括避孕措施的自主选择权。其一,在生育孩子的数量方面,该法第 18 条对公民生育孩子数量的限制进行了放宽,提倡一对夫妻生育两个子女,并且"符合法律、法规规定条件的,可以要求安排再生育子女"。其二,在生育方式的选择方面,公民有通过医疗服务积极寻求生育孩子的权利。比如,根据该法第 21 条,育龄夫妻可免费享受国家提供的生育技术服务。根据第 35 条,国家生育技术服务的相关医疗和保健机构对于育龄人群具有开展生育基础知识教育,提供生殖保健的咨

---

① 《中华人民共和国人口与计划生育法》第 1 条规定:"为了实现人口与经济、社会、资源、环境的协调发展,推行计划生育,维护公民的合法权益,促进家庭幸福、民族繁荣与社会进步,根据宪法,制定本法。"

询、指导和技术服务等职责。其三,在选择避孕措施方面,该法第 20 条规定:"育龄夫妻自主选择计划生育避孕节育措施,预防和减少非意愿妊娠。"对此,根据第 19 条的规定,国家需要积极"创造条件,保障公民知情选择安全、有效、适宜的避孕节育措施"。可见,根据我国《计划生育法》,夫妻有通过各种方式积极寻求生育孩子的权利。尤其是不孕不育的夫妇,其拥有通过人类辅助生殖技术拥有孩子的权利。当前我国人工辅助生殖技术难以满足不孕不育夫妇生育孩子的需要。我国平均每 8 对夫妻就有一对不孕不育,不孕不育患者人数已超过 5 000 万。全国四分之一的不孕不育患者久治不愈。①对此,生殖性克隆技术的发展为不孕不育的夫妇带来了新的希望。通过克隆方式产生孩子在技术上已经具有了可能性,可以为不孕不育的夫妇产生一个与其基因相关的孩子,实现其拥有孩子的愿望。而卫生部通过《人类辅助生殖技术规范》等部门规章禁止医疗技术实施人员运用克隆人技术为不孕不育的夫妇提供辅助生殖对公民的生育权构成限制。对此,可基于上述规章对公民生育权构成过度限制这一启动事由,根据《立法法》规定的合宪性审查程序,提请合宪性审查。

　　在美国,生育权未在宪法中明确规定,联邦最高法院通过判例将生育权纳入宪法第十四修正案正当法律程序条款的保护范围。②人工辅助生殖技术改变了传统生育权的基本内容,在宪法上提出"辅助生育权"是否为生育权的组成部分这一问题。③有观点认为,通过夫妻间的性行为方式的生育根植于历史与传统,而人工辅助生殖技术却不是。④

---

　　①　根据有关报道,我国近年来不孕不育症存在上升趋势,适龄产妇的不孕不育患病率大幅增长。数据显示,国内不孕不育的平均发病率为 12.5%—15%,每 8 对夫妻就有 1 对不孕不育;中国不孕不育患者人数已超过 5 000 万。陈天俏、常红:《中国不孕不育平均发病率为 12.5%—15%》,人民网,http://acwf.people.com.cn/n/2014/0103/c99038-24017997.html.访问时间:2015 年 10 月 8 日。

　　②　美国联邦最高法院通过 1923 年的 Meyer v.Nebraska 案等一系列案件的判决将生育权纳入宪法第十四修正案正当法律程序条款的保护范围。

　　③　John A.Robertson, Children of Choice: Freedom and the New Reproductive Technologies, Princeton University Press, 1994, p.1.

　　④　Lawrence Wu, Family Planning Through Human Cloning: Is There A Fundamental Right? 98 Colum. L.Rev. 1461, 1998, p.1489.

在华盛顿州诉格鲁兹堡（Washington v.Glucksberg）案中，法院对于实质正当程序的分析需要审视其是否根植于"历史、法律传统与实践"，[①]并要谨慎描述被宣称的基本自由，以控制裁判中的主观因素。对于人工辅助生殖来说，并不存在相关的历史传统，这便需要审视其是否在司基尼诉俄克拉何马州（Skinner v.Oklahoma）等案例确立的积极生育权的保护范围之内。

美国法院在 1990 年的利维切斯诉哈迪根（Lifchez v.Hartigan）案中拓展了生育权的保护范围，将通过人工授精等人工辅助生殖技术生育孩子的方式纳入其中。在 1990 年的利维切斯诉哈迪根案中，原告利维切斯医生是生育咨询和不孕不育治疗方面的专家，他起诉认为《伊利诺伊州堕胎法》中的第 6 条第（7）项违宪。该法第 6 条第（7）项规定："禁止任何人对精卵结合产生的胎儿进行售卖或实验，除非基于治疗胎儿的目的。故意违反本条构成 A 级轻罪。本项并不禁止人工授精。"利维切斯医生认为伊利诺伊州的立法者没有明确界定"实验"与"治疗"，这使得立法规定过于模糊，违反宪法第十四修正案规定的正当程序。对此，法院予以认可。同时，法院进一步指出："《伊利诺伊州堕胎法》第 6 条第（7）项是违宪的，还因为其不合理地限制了妇女隐私的基本权利，尤其是其免于政府干预的生育选择权。"法院在此援引了最高法院确立生育隐私权的案例，[②]其中，法院援引凯里诉国际人口服务公司（Carey v.Population Services International）案（以下简称凯里案）的判决，认为"是否生育　个孩子的决定权在宪法保护的选择权中处于核心地位。"法院指出："第 6 条第（7）项侵犯了这一宪法保护的选择权。以胚胎移植与绒毛标本采取[③]为例，根据多数定义，这两项程序都属于'实验'，都是直接、故意在胎儿身上实施的，并且对于胎儿的治疗都不

---

① Washington v.Glucksberg，117 S.Ct. 2258，2262(1997).

② 法院援引了 Griswold v.Connecticut、Eisenstadt v.Baird、Roe v.Wade、Planned Parenthood of Missouri V.Danforth 和 Carey v.Population Services International 等案例说明生育隐私权。

③ 绒毛标本采取是怀孕中的诊断程序，用以确定发育中胎儿的基因信息。

具有必要性。……根据该法第 6 条第(7)项,胚胎移植与绒毛标本采取是违法的。但是,这两项程序都在罗伊案、凯里案及后续相关判例确认的隐私权的保护范围之内。胚胎移植是为不孕不育的妇女拥有自己的孩子而设计的程序。在宪法保护的选择权中包括使用避孕药的权利,那么其同样包括通过医学过程引导怀孕的权利,这在逻辑上是可行的。"①

因此,在美国通过人类辅助生殖技术生育孩子,属于宪法上生育权的保护范围,在实践中也被广泛运用。而生殖性克隆与人类辅助生殖技术相比在产生一个孩子方面具有极大的相似性。美国在联邦层面没有禁止生殖性克隆的立法,在州的层面至少已经有 13 个州通过立法禁止生殖性克隆,分别为阿肯色州、加利福尼亚州、康涅狄格州、爱荷华州、印第安纳州、马萨诸塞州、马里兰州、密歇根州、北达科他州、新泽西州、罗得岛州、南达科他州和弗吉尼亚州。②禁止生殖性克隆的立法涉嫌对宪法上的生育权构成过度限制,对这一限制可提请合宪性审查。

（三）合宪性审查的启动方式

在克隆人技术立法合宪性审查的启动方式上,需要结合不同国家的宪法审查制度。比如,在我国,对《人类辅助生殖技术规范》等部门规章禁止克隆人的合宪性审查需要根据立法法规定的启动程序进行启动。根据我国《立法法》的规定,对于部门规章是否违反宪法,不能直接提请合宪性审查。《立法法》第 99 条规定可提请合宪性审查的对象只包括行政法规、地方性法规、自治条例和单行条例四类,部门规章不属于可提请审查的对象。因此对于禁止生殖性克隆的部门规章不能直接进行合宪性审查。尽管如此,《立法法》仍然为禁止生殖性克隆立法的合宪性审查提供了制度空间。根据《立法法》第 80 条的规定,"部门规章不得设定减损公民、法人和其他组织权利或者增加其义务

---

① Carey v. Population Services International, 735 F.Supp. 1361, U.S. Dist(1990).
② National Conference of State Legislatures official website, "Human Cloning Laws" section. http://www.ncsl.org/issues-research/health/human-cloning-laws.aspx. (last visited March 18, 2015.)

的规范"。《人类辅助生殖技术规范》等禁止生殖性克隆的部门规章，禁止公民通过克隆技术生育孩子，显然造成了公民生育权的"减损"，这意味着禁止生殖性克隆的部门规章要么违反了《立法法》第 80 条的规定，要么有"法律或者国务院的行政法规、决定、命令的依据"。如果是前者，根据《立法法》第 97 条①的规定，国务院有权对其予以改变或者撤销；如果是后者，那么禁止生殖性克隆的部门规章所依据的法律或行政法规便涉嫌对生育权构成过度限制，对此，可根据《立法法》第 99 条的规定向全国人民代表大会常务委员会启动合宪性审查。在美国，对于禁止克隆人技术立法的合宪性审查的启动需要在普通案件的审理过程中提出。不孕不育的夫妇、同性恋者或其他想通过生殖性克隆技术拥有孩子的任何人可以在普通法院案件审理中对禁止克隆人的相关立法的合宪性提出质疑，进而启动对克隆人技术立法的合宪性审查。②

二、合宪性审查的考量因素

对克隆人技术立法进行合宪性审查，基于各国不同的历史文化传统和宪法审查制度，体现出一定的多元性。比如，德国强调以人的尊严为核心的基本法法理，而美国则强调自由的宪法法理。③在不同的宪法历史文化传统之下，生命与人的尊严价值在宪法上的地位是不同的，对于生育自由、科学研究自由等自由的保护强度也是不同的，由此对克隆人技术立法的宪法审查侧重点和审查强度也会不同。总体而言，各国合宪性审查的考量因素大致包括如下几个方面：

---

①　《立法法》第 97 条规定："改变或者撤销法律、行政法规、地方性法规、自治条例和单行条例、规章的权限是：……（三）国务院有权改变或者撤销不适当的部门规章和地方政府规章；……"

②　在英美法系国家，普通诉讼的法律适用中，案件的当事人得向法院提出不能适用某项法律或者一项法律的某个条款，理由是该项法律或者该项法律的某个条款违反宪法。胡锦光：《论公民启动违宪审查程序的原则》，载《法商研究》2003 年第 5 期。

③　马平：《尊严与自由：宪法的价值灵魂——评艾伯乐的〈尊严与自由〉》，载《环球法律评论》2010 年第 1 期。

（一）胚胎的宪法地位

克隆人技术立法的合宪性审查与胚胎的宪法地位极为相关。在各国宪法上，胚胎的地位具有一定的差异，主要包括三种不同的情况：

第一，胚胎为人或类似于人。胚胎为人或类似于人是指胚胎具有人或接近于人的主体地位。从胚胎接近于人的主体地位的视角出发，胚胎在宪法上生命权和人的尊严的保护范围之内，任何涉及损害胚胎生命的克隆人技术研究都应当被禁止。胚胎的生产只能基于将其移植到其卵母细胞来源的母体的目的。对于那些"无家可归"的未被移植的胚胎，不得质疑其发展的潜力而将其交付用于研究。如果体外受精产生的胚胎并非用于移植到母体，而是被用于科学研究、治疗他人或诊断后毁弃，其便成为其他目的的手段，其自身作为目的的性质便被否定了。这便侵犯了人的生命与尊严。与之相类似地，将胚胎的生命与胚胎研究的医疗价值相衡量，也侵犯了人的生命和尊严，因为这种衡量本身是不允许的。[1]在德国，胚胎作为孕育中的生命，有接近于人的主体地位。有学者认为胚胎具有人的主体地位，德国联邦宪法法院之所以认定出生前的生命在人的尊严的保护范围，是因为不同阶段的生命发育过程体现了作为个体的人的发展的不可分割的步骤。双倍体的受精卵和无性生殖方式产生的克隆胚胎，都囊括了开启尊严保护的个体发展的全部程序。在精子和卵子细胞核结合之时，或全能性克隆细胞产生之时，一个自主发展的过程便得以开启，在这个过程中，并没有本质决定性的间隙能够将这一发育过程中的生物体与其出生之时区分开来。具有潜在交际能力的人在胚胎时期便已经规划完成了。任何将受精卵仅仅视为物的人，其必须在某一个节点上展现物是如何成为人的，这无论在哲学上还是法律上，都是不可能的。[2]德国1990年通过《胚胎

---

[1]　Christian Starck, Göttingen, The Human Embryo is a Person and not an Object, In: Human Dignity and Human Cloning, edited by Silja Vöneky & Rüdiger Wolfrum, Martinus Nijhoff Publishers, 2004, p.66.

[2]　Christian Starck, Göttingen, The Human Embryo is a Person and not an Object, In: Human Dignity and Human Cloning, edited by Silja Vöneky & Rüdiger Wolfrum, Martinus Nijhoff Publishers, 2004, pp.65—66.

保护法》严格禁止治疗性克隆和生殖性克隆与胚胎在宪法上具有接近于人的主体地位息息相关。

基于胚胎为人的地位对克隆人技术立法进行合宪性审查,需要在技术层面考察克隆人技术对于胚胎生命是否构成威胁。如果克隆人技术涉及对人类胚胎的破坏,对其予以立法禁止便是合宪的。

第二,胚胎为特殊物。胚胎为特殊物是指胚胎不是人,也不是物,是介于人和物之间的特殊物。根据这一观点,胚胎不是生命权和人的尊严的承载主体,其不具有免于基因操纵的权利。立法者在落实胚胎保护义务的过程中可以进行必要的利益衡量。由于克隆胚胎研究对于人类遭受的疾病能够提供救济和治疗,其代表了宪法保护的更重要的价值。尤其是对胚胎干细胞进行研究具有非常重要的价值,关系到国家科技进步与国家整体利益。因此,生产克隆胚胎用以进行胚胎干细胞的研究具有必要性。[1]比如,在英国,胚胎属于特殊物。英国沃诺克委员会(Warnock Committee)的报告认为胚胎不具有人的主体地位,也不是完全没有道德地位的细胞,而是具有特殊道德地位的特殊物。胚胎的地位随着胚胎的发展而变化,在受精后 14 天内,胚胎细胞是"全能的",具有发育为不同细胞类型的潜力,而 14 天后,细胞开始分化,细胞的发展路径已经确定。由此,英国沃诺克委员会认为对于胚胎的研究在受精后 14 天或原条出现之前,是可允许的。[2]沃诺克委员会关于胚胎为特殊物的观点被英国 1990 年的《人类受精与胚胎法》所接受。英国法院在后来的司法判决中认定克隆胚胎在人类受精与胚胎法的规制范围之内,[3]科研人员根据该法可申请进行治疗性克隆研究。

基于胚胎为特殊物的地位对克隆人技术立法进行合宪性审查,可

---

[1]　Jörn Ipsen, Osnabrück, Does the German Basic Law Protect against Human Cloning?, In: Human Dignity and Human Cloning, edited by Silja Vöneky & Rüdiger Wolfrum, Martinus Nijhoff Publishers, 2004, p.74.

[2]　Aurora Plomer, Beyond the HFE ACT 1990: The Regulation of Stem Cell Research in the UK, Mesical Law Review(Med.L.Rev), 10, Summer 2002, p.136.

[3]　Judgments-Regina v.Secretary of State for Health(Respondent) ex parte Quintavalle(on behalf of Prof-Life Alliance)(Appellant) UKHL 13(2003).

将治疗性克隆带来的利益与胚胎生命进行利益衡量。因治疗性克隆在治疗人类疾病方面具有广阔的前景,禁止治疗性克隆立法的合宪性基础会遭到削弱。在生殖性克隆立法的合宪性审查方面,胚胎为特殊物意味着基于破坏胚胎生命的理由而禁止生殖性克隆的说服力遭到一定程度的削弱,因为其允许将生殖性克隆带来的利益与胚胎生命价值进行衡量。

第三,胚胎为物。胚胎为物是指胚胎只是一团细胞,没有任何道德地位。根据此种观点,包括克隆胚胎在内的早期人类胚胎不过是一团细胞组织而已。[①]在美国的案例中,曾将胚胎定性为"财产"。比如,在美国的约克诉琼斯医疗机构(York v.Jones)一案中,新泽西州的约克夫妇于1983年结婚,由于妻子瑞莎的输卵管出现问题一直不能怀孕,1986年约克夫妇开始在弗吉尼亚州的琼斯医疗机构(Jones Institute)试图借助试管婴儿技术寻求怀孕。1987年,该机构利用约克夫妇的精子和卵子产生了6个胚胎,将其中的5个移植到瑞莎的子宫内,但没有使瑞莎怀孕,随后将剩余的一个胚胎冷冻保存备用。后来约克夫妇移居加利福尼亚州,为寻求怀孕,约克夫妇试图将在琼斯医疗机构剩余的冷冻胚胎转移到加利福尼亚州洛杉矶的一家医疗机构,但被琼斯医疗机构的医生拒绝。约克夫妇向弗吉尼亚州的法院起诉琼斯医疗机构,要求行使对胚胎的监护权。法院将该案定性为一项委托合同的争议,认为胚胎是约克夫妇的"财产",琼斯医疗机构有义务将其返还给约克夫妇。[②]

将胚胎定性为物的认识与功利主义的观点相契合。[③]胚胎定性为物意味着克隆胚胎的生命与其他一般动物的生命没有本质差别,克隆胚胎的生产和研究在原则上是不受限制的,进行治疗性克隆研究在宪法上没有任何问题,而立法禁止治疗性克隆研究涉嫌违宪。

---

① John A.Robertson, In the Beginning: The Legal Status of Early Embryos, Va. L.Rev 437, 1990.

② York v.Jones, 717 F.Supp. 421(E.D.Va.1989).

③ Aurora Plomer, Beyond the HFE ACT 1990: The Regulation of Stem Cell Research in the Uk, Mesical Law Review(Med.L.Rev), 10, Summer 2002, p.136.

（二）宪法上的家庭关系

克隆人技术立法的合宪性审查与宪法保护的家庭关系也极为相关。各国宪法保护的传统家庭关系的核心是父母子女关系。克隆人技术会改变宪法对于父母与子女关系的界定。自然性交和人类辅助生殖技术产生的孩子与其父母在遗传学上的继承性是相对明确的，因为孩子的基因是源于父母的结合。克隆人是属于对被克隆者基因的"复制"，前一辈与后一辈在基因上的同质性会导致代际关系判断上的模糊性。那么，生殖性克隆技术对于宪法上父母子女关系的改变可否被允许呢？对这一问题的不同答案会影响立法禁止生殖性克隆的合宪性判断。

生殖性克隆对宪法保护的传统父母子女关系的冲击，存在两种分析视角，一种是内在伤害视角，另一种是功能主义视角。内在伤害的视角认为生殖性克隆对于宪法上父母子女关系的伤害不以实际伤害为基础，而是一种内在理念的伤害。从这一视角出发，生殖性克隆本身就是对孩子的虐待。内在伤害的观点是建构于这样的理念之上：生育不以个体权利为导向，当人们尊重自然的界限时（如生育需要精卵细胞的结合），才能对创造新生命的社会与本质意义予以更好的理解。尊重人类的界限有助于守护人性的基础，而生殖性克隆超越了这一界限，违反我们被赋予的人类本质。[1]功能主义的视角关注生殖性克隆对于父母子女关系和克隆孩子的利益在多大程度上存在实际伤害。功能主义的观点认为人的意义在增强个体达成期待的目标中得以强化。功能主义的视角是结果导向的。功能主义的这种结果导向并不是没有限制的，其需要考量在达到目标的过程中，实际伤害是否超过其带来的利益。根据功能主义的观点，通过克隆人技术达到生育目的会在父母与孩子两个方面强化人的意义（假定存在比不存在更好），只要其导致的实际伤害没有超过其创造新的父母子女关系与新生命这一利益。[2]

---

[1]　Leon R.Kass, The Wisdom of Repugnance, in Leon R.Kass & James Q.Wilson, The Ethics of Human Cloning, AEI Press, 1998, p.23.

[2]　Lawrence Wu, Family Planning Through Human Cloning: Is There A Fundamental Right? 98 Colum. L.Rev. 1461, 1998, p.1505.

如果从内在伤害的视角分析,克隆人技术立法的合宪性审查需要追溯到传统中宪法保护的良好父母子女关系的观念,由此国家传统的家庭文化和家庭伦理观念便会作为考量的重要因素。有的观点认为,运用克隆技术生育与良好父母的观念是相违背的,因为克隆孩子的父母对孩子予以过度控制,即完全控制了基因这一影响孩子发展的重要方面。①这一控制使得父母处在一种"内在专横"的立场,成为制造孩子而不是生育孩子的产品制造者。②如果基于这一观点,立法禁止生殖性克隆是合宪的。内在伤害的视角也遭到批评,比如有观点认为如果内在伤害观点在法律上得以实施,会导致这一观念的普遍化,并会将其强加于不认同这一观念的人,进而会导致在没有对实际伤害予以明确说明的情况下,对个人自主的限制。并且,克隆孩子与父母都可能很健康,法律适用内在伤害的观点忽视了尊重"国家不能侵入的家庭生活的私人领域"的悠久传统。③从保护家庭私生活领域自治的角度分析,功能主义的视角会更有优势。

在克隆人技术立法合宪性审查中,如果从功能主义的视角进行分析,需要审视生殖性克隆对于个人自治与社会的影响,比如生殖性克隆对于克隆孩子可能带来何种程度的伤害,这一伤害在宪法上是否足够严重,还需要考虑选择克隆人技术生育的已婚夫妇是否会像对待其他方式生育的孩子一样,珍爱、呵护自己的孩子。功能主义的视角是符合隐私权的法理的,生育事务最适合交由个体自我决定,而不是将其交给与决定无关的人们。④根据功能主义的观点,在缺乏急迫伤害的情况下,已婚夫妇为突破自然的限制而寻求克隆技术的生育方式,应受基本权利的保护。

---

① See, e.g., National Bioethics Advisory Commission, Cloning Human Beings, 1997, p.68.

② Leon R. Kass, The Wisdom of Repugnance, in Leon R. Kass & James Q. Wilson, The Ethics of Human Cloning, AEI Press, 1998, p.38.

③ Prince v.Massachusetts, 321 U.S. 158, 1944.

④ Lawrence Wu, Family Planning Through Human Cloning: Is There A Fundamental Right? 98 Colum. L.Rev. 1461(1998), pp.1493—1508.

从功能主义视角审视生殖性克隆的合宪性问题,需要重点审视父母通过生殖性克隆产生孩子,是否会导致父母子女关系中子女的客体化和工具化的问题。有的观点认为,基因并不能完全决定孩子的未来发展,孩子对于未来的开放性与其生长的后天环境,尤其是与其父母之间的关系极为相关。基因的控制只是部分地决定孩子的发展,并不是专横的,除非父母试图通过基因选择故意压制孩子的自主性。并且,在父母对孩子的操控方面,父母其实已经实现了对后代的控制,体现在避孕、出生时间、生活地点,对孩子发展过程的干预,从细小的事情(如是否学习钢琴)到重要的决定(如宗教)。①即使基因在某些方面控制了克隆孩子,而孩子是在与父母的交流中成长的,父母对孩子的控制是持续存在的,并不是生殖性克隆本身实现了对孩子的控制。克隆孩子仍然具有自主性和不确定性。并且,克隆人被视为是制造的产品问题,并不限于克隆人或其他人工辅助生殖技术,在传统的生育方式中,夫妻双方基于其意愿生育一个孩子,这当中诸多生育孩子的理由都可能导致孩子的客体化,比如为了取代一个刚去世的孩子,为了给现在的孩子找一个玩伴,为了挽救婚姻、消解厌倦的生活,或者其家庭里已经有两个女儿还想要个儿子,等等。生育方式的选择并不影响"制造"孩子这一特性。社会并不对父母产生孩子的动机予以监管,因为其假定父母会照顾产生的孩子。②根据这一观点,立法禁止生殖性克隆的合宪性基础是脆弱的。

(三) 克隆人的独特性

克隆人的独特性是克隆人技术立法合宪性审查的重要考量因素之一。当前各国立法禁止生殖性克隆的重要的合宪性基础在于人的尊严,而人的尊严的核心内涵体现在人的独特性之中。生殖性克隆对于克隆人独特性的冲击,主要体现在基因对于克隆人的影响方面,生殖性

①　See, e.g., National Bioethics Advisory Commission, Cloning Human Beings, 1997, p.68.

②　Lawrence Wu, Family Planning Through Human Cloning: Is There A Fundamental Right? 98 Colum. L.Rev. 1461(1998), p.1505.

克隆产生的个体与被克隆者在基因上是相同的,这种在基因上对生育过程的操纵涉嫌侵蚀了个体在基因构成上的开放性。由此,生殖性克隆立法的合宪性审查需要回答:在宪法上,故意产生一个与他人基因型相同的个体能否被允许?这涉及基因独特性与个体独特性的关系问题。如果生殖性克隆对于基因的操作使得个体的未来失去了开放性,而是处于一种被操纵的地位,这便在个体的独特性方面侵犯了人的尊严。对于克隆人的独特性问题,存在观念上的独特性与事实上的独特性两种视角。

观念上的独特性分析视角面临挑战。有学者认为不存在克隆人不具有独特性的事实基础。在多数情况下,其他人并不知道克隆孩子的基因来源,克隆孩子的父母一般也不会向他人透漏孩子的基因来源。并且,在父亲作为克隆孩子基因来源的情况下,父亲与克隆孩子之间任何的相似性,在其他人看来都是正常的。克隆孩子与父亲的年龄之间还存在差距,不可能存在极大的相似性。[1]对于克隆孩子的自我认同问题,这主要取决于克隆孩子与父母的关系以及克隆孩子自身对于潜在的心理方面问题的应对能力。[2]如果父母不在乎孩子的基因来源,珍爱克隆孩子,克隆孩子会有很大的机会形成健康的心理,这会有利于克隆孩子对自身独特性的认同。如果父母没有照顾好克隆孩子,而是故意虐待孩子,这会让克隆孩子感到缺乏自主性和独特性,会形成和增加其心理负担。因此,克隆人技术本身是中性的,父母如何对待孩子与生育方式之间没有必然关系。当然,即使在非常照顾克隆孩子的家庭,克隆孩子被告知其基因来源后也可能面临独特性认同上的困境,但这并不是非常难以克服的。父母可以在孩子成长到其能够理解克隆技术的时候再告知他基因的来源,这样一来孩子已经积累了一些生活经历,并且在个性发展方面具备了自主性和开放性,这有助于克隆孩子克服自身

---

[1]   Lawrence Wu, Family Planning Through Human Cloning: Is There A Fundamental Right? 98 Colum. L.Rev. 1461, 1998, p.1497.

[2]   Nancy L.Segal, Behavioral Aspects of Intergenerational Human Cloning: What Twins Tell Us, 38 Jurimetrics J.57, 1997, pp.61—65.

的独特性缺失的认知。①

从事实上的独特性视角分析,尽管基因在决定身体与行为特征方面扮演着重要角色,但基因的表达受到基因间以及基因与环境的相互作用的影响,人的独特性便体现于基因与环境的相互作用之中。即使最普通的身体特征,例如身高与头发的颜色,都会受到环境因素的影响。并且有时,即使科学家已经确定了带病基因,但是完全了解基因的 DNA 结构并不会使科学家能够预测某人是否会患上此病。对人与基因发展更深入的理解说明,每个人实际上是其基因与环境相互作用的结果,每个人都是独特的。②即使在单卵双胞胎中,单卵双胞胎之间分享着相同的基因,在相似的家庭环境中成长,但是他们之间也可能具有不同的喜好和天赋。③与异卵双胞胎和兄妹相比,单卵双胞胎之间的个性的相似性多一点。但是平均而言,双胞胎之间相同的个性只有一半左右是由基因影响所致。④从事实上的独特性视角分析生殖性克隆对于克隆人的影响,会发现基因决定论的观点是错误的。尽管克隆人与被克隆者的基因型相同,其仍然具有独特性。对克隆人来说也是如此,基因独特性对于人的独特性没有完全的决定作用。与他人具有相同的基因并不会违反任何人的独特性。尤其是克隆人与被克隆者一般都处于不同的年龄阶段、会成长于不同的地方、与不同的人交流,这都会使得克隆人在个性与价值观方面具有独特性。即使有时克隆孩子之间与相同的双胞胎一样,在外貌、个性和兴趣上极为相似,这种相似性也不意味着独特性的缺失。由此看来,克隆人

---

① Lawrence Wu, Family Planning Through Human Cloning: Is There A Fundamental Right? 98 Colum. L.Rev. 1461, 1998, pp.1499—1500.

② See, e.g., National Bioethics Advisory Commission, Cloning Human Beings, 1997, pp.32—33. Lawrence Wu, Family Planning Through Human Cloning: Is There A Fundamental Right? 98 Colum. L.Rev. 1461(1998), p.1494.

③ Nancy L.Segal, Behavioral Aspects of Intergenerational Human Cloning: What Twins Tell Us, 38 Jurimetrics J.57, 1997, p.63.

④ See, e.g., National Bioethics Advisory Commission, Cloning Human Beings, 1997, p.64. see also Gerald E.McClearn et al., Substantial Genetic Influence on Cognitive Abilities in Twins 80 or More Years Old, 276 Science 1560(1997), p.1562.

具有完全的独特性。①因此,从事实上的独特性视角分析,基于克隆人不具有独特性而立法禁止生殖性克隆的合宪性基础是脆弱的。

(四)克隆人技术的安全性和必要性

技术安全性是克隆人技术立法合宪性审查的重要考量因素。在生殖性克隆立法的合宪性审查方面,克隆人的生命安全是最为重要的考量因素。由于克隆人技术不成熟而产生有缺陷和短命的克隆人构成对宪法上生命和人的尊严的侵犯,因此,基于克隆人技术上的不安全而禁止生殖性克隆的立法往往是能够通过合宪性审查的。

禁止生殖性克隆立法的合宪性审查需要考量生殖性克隆的可替代性问题。这首先需要考察当前辅助生殖技术的发展是否能够弥合立法禁止生殖性克隆带来的生育权实现上的缺陷。由此需要对通过生殖性克隆实现生育孩子愿望的相关主体的需求以及对人工辅助生殖技术进行更为全面的评估。克隆人与人工辅助生殖技术具有重要差别,其可能会贬损人本身的价值与尊严。有观点认为克隆人与通常的生育以及利维切斯案中宪法保护的人工辅助生殖具有本质的不同。这种具有根本性改变的人类生育方式对于人的尊严构成挑战,也会潜在地贬损人类的生活。②有学者甚至认为克隆可被类比为乱伦,不仅存在潜在的隐性疾病,还允许父母对孩子行使过度权力。③在拥有一个与自己基因相关的孩子方面,除克隆人之外,还可能存在替代方案。对于不孕不育的夫妇、一方携带可遗传疾病的基因的夫妇、女同性恋者来说,其可以利用捐献的配子达到生育孩子的目的,这些孩子在基因构成上也与其有关联。

除上述考量因素外,社会秩序作为宪法保护的重要价值也可能成为克隆人技术立法合宪性审查的考量因素之一。生殖性克隆对于社会

---

① Lawrence Wu, Family Planning Through Human Cloning: Is There A Fundamental Right? 98 Colum. L.Rev. 1461, 1998, p.1495.

② Lori B.Andrews, Is There A Right To Clone? Constitutional Challenges to Bans on Human Cloning, 11 Harv. J.L. & Tech. 643, 1997—1998, p.666.

③ See Lori B.Andrews, Is There A Right To Clone? Constitutional Challenges to Bans on Human Cloning, 11 HARV. J.L. & TECH. 643, 1998(11). p.669.

秩序的影响首先体现在滥用这一技术可能带来的破坏。比如,如果政府克隆大量的人、私人创造很多与其基因相同的克隆孩子、秘密利用他人的基因(如明星)克隆孩子卖出获利①、通过克隆孩子获取器官等,这些都会给社会秩序带来破坏。有学者认为,美国政府可基于免于扩大社会损害这一迫切的州利益而通过立法禁止生殖性克隆,也可以主张在进化中具有独立价值的人类基因多元性作为州利益。②也有观点认为,在一个民主法治社会,政府大量克隆孩子显然是不会被允许的。克隆人技术在被滥用情况下,生殖性克隆的目的显然不是为了孩子,对于克隆人技术的滥用可以通过立法予以禁止,但是,禁止滥用并不意味着要绝对禁止生殖性克隆,立法可以规制克隆人技术的运用,比如可规定已婚夫妇克隆孩子的次数、运用他人的基因需要经其同意、禁止任何造成克隆人缺陷或其他伤害的生殖性克隆,等等。因此,滥用行为对社会秩序的破坏并不能为立法禁止克隆人的合宪性提供坚实的基础。③

三、合宪性审查的法律解释方法

(一)文义解释

对于克隆人技术立法的合宪性审查,会涉及对宪法上一些基本概念的理解,这时会用到法律解释方法中的文义解释。比如,克隆人技术立法是否侵犯生育权的合宪性审查会涉及对宪法上"人"和"生育"概念的理解。克隆人能否作为一种辅助生殖技术,首先需要理解宪法上的"生育"。从文义解释来看,宪法上的"人"首先建立在传统男女结合的有性生殖的生物学基础之上。"人"在生物学上是男女精卵结合形成受

---

　　① 克隆技术若得以广泛运用,会使得未经同意克隆他人成为可能,因为只需要从其头发或唾液中获取一个细胞便可以对其进行克隆。David Orentlicher, Cloning and the Preservation of Family Integrity, 59 LA.L. REV. 1019, 1999, p.1025。

　　② Francis C. Pizzulli, Note, Asexual Reproduction and Genetic Engineering: A Constitutional Assessment of the Technology of Cloning, 47 S.CAL. L.REV. 476, 1974, p.557.

　　③ Lawrence Wu, Family Planning Through Human Cloning: Is There A Fundamental Right? 98 Colum. L.Rev. 1461(1998), pp.1511—1512.

精卵，并进一步发育成胚胎、胎儿，进而分娩形成的个体。而"生育"这一概念也建立在宪法上"人"的内涵的基础之上。宪法上"人"和"生育"通常与人的"精卵结合"密不可分。无论是传统的性交生育还是当前的人工辅助生殖技术，其生育方式尽管不同，但都属于有性生殖，在孩子的基因构造上，都是男女精卵结合的产物，并由此确保了孩子基因结构上的偶发性、独特性与开放性。克隆人在本质上并不是男女基因的结合，而是在复制一方的基因，克隆人只需要父母一方的基因，克隆孩子的基因跟被克隆者的基因是相同的，这无疑改变了宪法上"生育"这一概念的基本内涵。基于这一本质上的差异，有学者认为生殖性克隆根本不是生育，而是复制。①倘若允许通过克隆技术产生孩子，这会对宪法学上"人"和"生育"的概念构成根本性的冲击，使得宪法上的"人"和"生育"的基本内涵发生改变。

传统的生育理念中，孩子是源于父母双方基因的结合，这种结合构成一种重要的基因上的相互依存性。克隆人侵蚀了蕴涵于生育这一概念之中的人类相互依存的观念，因为克隆孩子不需要"两种互补的生物学上的祖细胞"，②其他人工辅助生殖技术是需要的。同时，父母基因的结合，使孩子在基因构成方面具有不确定性，具有面向未来的开放性，而生殖性克隆侵蚀了关于人类多样性以及人类产生的基因不确定的观念。对此，有观点认为克隆人是否侵蚀了人类的相互依存与不确定性的观念，关键在于如何界定这两个概念。如果将生育过程中的相互依存界定为基因的相互依存，克隆人确实侵蚀了这一观念。但其实相互依存的概念不仅限于基因，在人工辅助生殖过程中，还存在夫妇之间为了拥有自己的孩子，在意愿与情感上的相互依存。同时，克隆人对不确定性这一概念的侵蚀也仅限于基因的选择上，而随着其认知、个性与经历的发展，基因上的继承性对于克隆孩子的生活来说影响甚微，克

①　Lori B. Andrews, Is There A Right To Clone? Constitutional Challenges to Bans on Human Cloning, 11 HARV. J.L. & TECH. 643, 1998(11), p.666.
②　Leon R. Kass, The Wisdom of Repugnance, in Leon R. Kass & James Q. Wilson, The Ethics of Human Cloning, AEI Press, 1998, p.24.

隆孩子相对于其他人来说仍保持着不确定性。[1]相互依存与不确定性这些观念的认识，不可能受到普遍的重视，尤其对于那些试图通过生殖性克隆技术生育的父母来说，拥有孩子的结果比这些观念要重要。

此外，宪法上"生育"的观念往往是与达到生育年龄的男女结合在一起理解的，而克隆人完全突破了这一普遍的、年龄上的认知，不仅成年男女，上至九十岁以上的老年人，下至未出生的胎儿，甚至去世的人，都可以作为"生育"的主体。这完全突破了宪法上"生育"的基本概念。

（二）历史解释

在对克隆人技术立法的合宪性审查中，会涉及历史解释的运用。尤其对于立法目的的探索往往是一个解释问题，不应仅局限于立法文本，还要追溯立法历史，比如立法起草过程中有关档案材料、议会的会议报告等。有学者在分析加拿大《人工辅助生殖及相关研究法》的立法目的时，认为应当运用历史解释的方法。该学者分析了生殖技术立法相关的历史材料。比如，在1993年皇家委员会关于新的生殖技术报告中将立法目标表述为："我们认为有些行为与加拿大人和本委员会秉持的价值激烈冲突，并且会潜在地损害个人与社会的利益，因此，应当由联邦政府通过刑罚予以禁止。这些行为包括体外发育的人类受精卵与胚胎研究、克隆、动物与人的杂交、将受精卵转移到其他物种体内，或使人类胎儿中获取的卵子受精或成熟化。"[2]1996年加拿大卫生部新生殖技术白皮书指出："新的立法的主要目的如下：第一，在人工辅助生殖以及其他医疗程序和研究中，保护加拿大民众使用生殖材料的健康和安全；第二，确保对人体外的人类生殖材料的适当对待；第三，保护所有人尤其妇女和孩子的尊严与安全。"[3]在2001年标题为"人类辅助生

---

[1]　Lawrence Wu, Family Planning Through Human Cloning: Is There A Fundamental Right? 98 Colum. L.Rev. 1461, 1998, p.1501.

[2]　Canada, Royal Commission on New Reproductive Technologies, Proceed with Care: Final Report of the Royal Commission on New Reproductive Technologies, vol.2 (Ottawa: Communications Group, 1993) p.1022.

[3]　Health Canada, New Reproductive and Genetic Technologies: Setting Boundaries, Enhancing Health, Gov doc: H21-127/1996E, 1996, p.25.

殖:构建家庭"的报告中,加拿大健康常设委员会在第 5 条"立法禁止"第 1 款"基于生育和治疗目的的克隆"中指出:"委员会强烈感觉到生殖性克隆对于产生的孩子,无论在人身、心理或社会方面都具有潜在不利影响,对此,有充分理由予以禁止;并且,治疗性克隆也应当予以禁止,因为其是不安全的,会导致胚胎的商品化。我们认为胚胎干细胞研究会使胚胎商品化。"[1]通过上述历史资料的分析,可将禁止治疗性克隆的目标归纳为:保护人们的健康、安全和尊严,阻止胚胎的商品化。该学者据此认为禁止治疗性克隆的立法目标反映了"迫切而实质"的忧虑,在目的上"足够重要",能够通过合宪性审查。

（三）目的解释

克隆人技术立法的合宪性审查中,会涉及目的解释的运用。比如,在生殖领域对于相关立法的合宪性审查中,如果从文义解释的角度,难以解释出宪法上的"生育"包括通过克隆技术拥有孩子,有主张认为可以从生育自由的目的来进行解释。从生育的目的来看,生育意味着孩子的诞生。孩子的诞生确实是宪法上生育权保护的重要目的之一。生育权包含着通过何种方式生育孩子的自由。对于那些不孕不育的夫妇来说,通过克隆人技术拥有孩子是其基本自由。[2]有学者认为决定生育的权利包括决定选择生育方式的权利,这一权利包括通过克隆方式生育。立法禁止生殖性克隆无异于否认一个人的生育自由。[3]在科学研究领域,克隆人技术立法的合宪性审查也存在适用目的解释的空间。比如在加拿大,最高法院运用目的解释的方法对宪法第 2 条(b)款中的"表达"(expression)进行了宽泛界定。[4]

---

[1]　Standing Committee on Health, Assisted Human Reproduction: Building Families, at http://www. parl. gc. ca/content/hoc/Committee/371/HEAL/Reports/RP1032041/healrp02/healrp02-e. pdf(last visited March 16, 2015).

[2]　John A. Robertson, Children of Choice: Freedom and Thenew Reproductive Technologies(1994), p.169.

[3]　June Coleman, Comment, Playing God or Playing Scientist: A Constitutional Analysis of Laws Banning Embryological Procedures, 27 PAC. L.J. 133(1996), p.1364.

[4]　Irwin Toy v. Quebec, 1 S.C.R. 927(1989).

四、合宪性审查中的比例原则

在对克隆人技术立法的合宪性审查中，涉及对基本权利限制的比例原则审查。如下以加拿大《人工辅助生殖及相关研究法》中禁止治疗性克隆涉及的对于表达自由限制的比例原则的审查为例，分析比例原则的运用。

（一）加拿大立法禁止治疗性克隆

加拿大议会 2004 年 3 月 29 日通过的《人工辅助生殖及相关研究法》对辅助生殖领域的相关医疗与科研活动进行规制。其中第 3 条对该法适用的相关概念进行了界定："胚胎是指受精或产生后处于发展阶段的 56 天内的人类有机体，其中暂停发展的时间排除在外。""克隆体是指通过操纵人类的生殖物质产生的胚胎，其包含从活的或死去的人类个体、胎儿或胚胎中获取的双倍染色体。""人的生殖物质是指精子、卵子或其他人类的细胞、基因。""体外胚胎是指存在于人体外的胚胎。"该法第 5 条规定："任何人不得故意：（a）运用任何技术生产克隆体或将克隆体转移到人体、非人类生命体或人工装置之中；（b）除生育人类、改进或指导人工辅助生殖过程，故意生产试管胚胎；（c）基于产生人类个体为目的，通过从胚胎、胎儿提取细胞或细胞的一部分创造胚胎，或将此类胚胎转移到人体内。"第 60 条规定："任何人违反本法第 5 条至第 7 条或违反第 9 条构成犯罪，并且（1）依公诉程序定罪，可判处不超过 50 万美元罚金或 10 年以下有期徒刑，或并罚；（2）依简易程序定罪，可判处不超过 25 万美元罚金或 4 年以下有期徒刑，或并罚。"[①]可见，在加拿大科研人员从事胚胎的克隆或克隆胚胎的转移，构成犯罪。而通过国家立法禁止科研人员的上述研究活动，对公民的表达自由构成限制。

（二）治疗性克隆研究作为一种"表达"行为

根据加拿大《宪法》第 2 条（b）款，加拿大最高法院认定是否侵犯表达自由需要审查：第一，该行为是否为表达行为；第二，该行为是否非暴

---

① Government of Canada, Justice Laws Website, at http://laws-lois.justice.gc.ca/PDF/A-13.4.pdf(last visited March 16, 2015).

力的;第三,该行为是否受到政府行为目的或结果的限制。由于胚胎在
加拿大《宪法》上不具有人的地位,在博罗夫斯基案中,上诉法院认为胎
儿并不在《宪法》第 7 条的"任何人"的范围之内,也不在第 15 条规定的
"个人"的范围之内,①治疗性克隆不属于暴力行为。立法禁止治疗性
克隆对治疗性克隆研究构成限制是显而易见的。关键的问题在于治疗
性克隆是不是一种表达行为。

一般而言,表达行为是指行为人通过实施一定的行为表达信息的
活动。通常而言,人们的日常行为都能够传达一定的信息。但宪法上
的表达自由并不会保护所有的行为。在欧文·托伊案中,加拿大最高
法院指出:"尽管多数人类行为结合了表达性与物理性因素,有些人类
行为是纯粹物理性的,没有传达或试图传达意思。对于人们的某些日
常行为,如停车,可能很难确定其具有表达的内容。将此类行为纳入保
护范围,当事人需要证明该行为是为了表达信息。例如,作为公开抗议
的一部分,一个未婚的人可以将车停在为已婚的政府雇员保留的区域,
以表达对有限资源分配方式的不满与愤怒。如果可以说明其行为确实
具有表达性内容,其可以在这个层面纳入被保护的范围,《宪法》第 2 条
(b)款可以适用。"②那么,治疗性克隆研究是否在传达信息呢? 在加拿
大的宪法学界存在争议。

对此,有主张认为治疗性克隆属于一种表达行为,在表达自由的保
护范围之内。在理论上,科学研究作为一种表达受宪法保护的观点在
民主社会并不鲜见。比如,在美国,有诸多学者主张科研人员从事科学
研究受到美国宪法第一修正案的言论自由的保护。在加拿大,有的法
官也支持科学研究受表达自由的保护,比如,在瑞吉娜(R.v.Keegstra)
案中,法官麦克拉克林(McLachlin)指出,表达自由的重要目的之一便
是保护科学中追逐真理与创新而获得的利益。③在另外一个案件中,他

---

① Borowski v.A.G.(Can.), 39 D.L.R.(4th) 731(1987).
② Irwin Toy v.Quebec, 1 S.C.R. 927(1989).
③ R.v.Keegstra, 3 S.C.R. 697(1990).

指出,表达自由的价值包括医学研究。[①]上述观点都支持科学研究能够促进表达自由保护的核心价值,因此在表达自由的保护范围之内。此外,克隆研究具有交流性。研究人员对于实验方法的选择也在表达信息。研究者可以通过选择研究主题与从事研究来表达信念或政治观点:"如果一个研究者试图通过特定的政治过程或实验表达信息,该研究者对于实验的选择也表达了信息,正如报告人选择语言、舞蹈者选择舞蹈类型、艺术家选择艺术形式一样。"[②]坎特雷尔(Cantrell)指出,研究成为一种象征性言论,如同学生佩戴黑色臂章和反战活动者烧掉应征卡一样。[③]

如果治疗性克隆是宪法上的"表达"行为,那么对其予以禁止即使没有在目的上构成对表达自由的限制,也会在结果上构成对表达自由的限制。加拿大最高法院在欧文·托伊案中指出:"如果政府的目的在于通过挑出一些不能够被传达的特定信息对表达内容加以限制,其对于表达自由构成了限制。如果政府的目的在于限制某些形式的表达,以控制他人接受信息的途径或控制某人表达信息的能力,这也构成对表达自由的限制。"[④]

（三）立法禁止治疗性克隆的比例原则审查

加拿大《宪法》在第 1 条中明确了立法限制基本权利的界限,规定:"加拿大权利与自由宪章保障的权利与自由,只有在自由与民主社会中能说明正当理由并基于法律的合理规定才可被限制。"根据《宪法》的此条规定,对公民基本权利和自由限制的规范性要求至少有两点:第一,对基本权利和自由的限制必须根据法律规定;第二,对基本权利和自由

---

① R.v.Sharpe,1 S.C.R.45(2001).

② Billingsley & Caulfield, The Regulation of Science and the Charter of Rights: Would a Ban on Non-Reproductive Human Cloning Unjustifiably Violate Freedom of Expression? 29 Queen's L.J., 2004, pp.663—666.

③ Billingsley & Caulfield, The Regulation of Science and the Charter of Rights: Would a Ban on Non-Reproductive Human Cloning Unjustifiably Violate Freedom of Expression? 29 Queen's L.J., 2004, p.665.

④ Irwin Toy v.Quebec,1 S.C.R. 927(1989).

的限制必须是正当合理的。加拿大最高法院在奥克斯案中进一步确立了分析《宪法》第1条的指导性框架。①

加拿大《宪法》第1条规定的"根据法律"即：(1)法律必须能够充分被公众所理解；(2)法律必须明确,使人们能够据此行动,并能够为适用法律的人提供指导。对此,《人工辅助生殖及相关研究法》禁止治疗性克隆的相关规定已经达到。该法是否正当合理需要进一步分析。

禁止治疗性克隆是否合理正当,首先需要审视立法限制基本权利的界限。在奥克斯案中,最高法院首席大法官迪克森指出："在自由民主社会中确定限制能够合理明确地被证立,需要满足两个核心标准：第一,对宪法自由与权利附加限制的手段所服务的目标必须'足够重要,确实超越了宪法保护权利和自由的重要性'。在目标被确认为足够重要前,应确定其至少应当与自由民主社会紧迫而实质的忧虑相关联。第二,目的的足够重要性被确定后,涉及《宪法》第1条的当事方必须证明其所选择的手段能够合理明确地被证立,这就涉及比例原则的审查。根据我们的意见,比例原则审查有三项重要组成部分。其一,采用的手段必须谨慎选择以达到相关目的。不可专断、不公或基于不合理的考虑因素。简言之,手段与目标之间具有合理的相关性。其二,所采用的手段,满足了第一项要求的与目标之间具有合理的相关性,还应当对相关权利或自由损害尽可能小。其三,限制宪法权利与自由所采用的手段所带来的影响与被确认为足够重要的目的之间要均衡。"②由此可见,加拿大最高法院确立的审查立法合乎《宪法》第1条的两项标准为：第一,确定立法目的是否"足够重要"、是否"与自由民主社会紧迫而实质的忧虑相关联"；第二,第一项标准符合以后,还要进入比例原则的审查,即学界通常所称的适当性原则、必要性原则和均衡原则。

通过对《人工辅助生殖及相关研究法》相关历史的解释,可以认定立法禁止生殖性克隆的目的"足够重要"。③由此关键在于立法禁止治

---

①② 　R. v. Oakes, 1 S.C.R. 103(1986).

③ 　对此可参见本章"合宪性审查的法律解释方法"部分有关"历史解释"的论述。

疗性克隆是否符合比例原则的三个原则。

第一，适当性原则方面，从采用的手段与达到目的的关系来看，立法禁止治疗性克隆，阻止研究人员通过克隆方法生产胚胎或破坏胚胎，并确保对克隆人的禁止。立法的禁止在于阻止一项在危险性和道德方面难以被接受的行为，并不是专断的、不公平的或基于不合理的考虑。因此，可通过适当性原则的审查。

第二，必要性原则方面，加拿大最高法院指出：完全禁止一种行为与部分禁止相比，更加难以证明其正当性。完全禁止只能在最小损害的分析层面才能获得宪法上的正当性，即政府必须能够证明只有完全禁止才可能达成目的。

对于达成"保护人们的健康、安全和尊严，阻止胚胎的商品化"的立法目的，完全禁止治疗性克隆是唯一的选择。如果允许治疗性克隆，必然意味着对胚胎的故意破坏，也必然会导致克隆人技术的进一步成熟与发展，这对于人们的健康和安全是巨大的威胁。此外，禁止治疗性克隆对于表达自由的限制不是绝对的，只是潜在地禁止某类研究人员信念的表达，研究人员仍然可通过言论直接表达信息。除治疗性克隆之外，其他的技术也能被发展出来作为达到相同结果的替代性研究方案，治疗性克隆的禁止只是禁止研究或科学表达的一种可能的路径而已。对于研究者来说，确实存在其他认识干细胞潜在治疗作用的路径。运用成人的胚胎干细胞以及体外受精剩余不用的胚胎提取的干细胞进行研究是可行的替代方式。①

对于器官移植来说，从克隆胚胎里提取的干细胞相对来说更好，因为胚胎干细胞具有全能性，具有发育成诸多不同的器官和组织的潜力。一般认为成人的干细胞没有全能性，其只能成为来源性的器官组织。但近年来的研究表明，成人干细胞也能够成为其他组织类型的细胞。有些类型的成人干细胞也是全能的，可能具有更强的可塑性。这使成

---

① Francoise Baylis & Jocelyn Downie, An Embryonic Debate, Literary Review of Canada, 2005, pp.11—13.

人干细胞能够成为一种合法的可替代性研究路径。①从克隆胚胎中提取干细胞获得的器官与从其他胚胎中提取干细胞获得的器官相比，具有不排斥本体的优势。这样一来就不用担心免疫的排斥问题。但并没有证据表明从其他胚胎获取的干细胞产生的组织会产生免疫排斥的问题。有些研究结果表明运用他人胚胎干细胞的移植并没有免疫排斥的反应。有项测试人胚胎干细胞的免疫反应的研究表明，向免疫力健全的小白鼠体内注射其他胚胎干细胞并没有引起免疫上的反应。同样，此类细胞被置于人的具有免疫细胞的血液中，也没有发现免疫反应。②

　　第三，均衡原则方面，这一原则要求考察获得立法的目的是否付出了过高的代价。禁止治疗性克隆的立法对于研究者的表达自由并没有予以完全限制，研究者具有其他表达观念的方式。此外，治疗性克隆研究会带来一系列问题。其一，治疗性克隆会为克隆人的诞生提供协助，导致对于克隆人的禁止难以实现。治疗性克隆与克隆人运用的技术是相同的。提升治疗性克隆的技术能力实际上也就推进了生殖性克隆研究。其二，治疗性克隆对卵子提供者会造成人身与心理伤害。治疗性克隆需要将DNA植入去核卵子，这需要大量的卵子，并且最好从年轻、健康的妇女身上获取。卵子提取对于妇女的人身与心理的伤害是巨大的，对卵巢的过度刺激可能导致不孕不育、甚至死亡。其三，如果研究资金从其他领域转移到治疗性克隆，会产生机会成本。用于治疗性克隆的资金不能被用于其他研究。最后，医疗体系的稳定性可能会受到威胁。针对个人的克隆胚胎干细胞的细胞重生相关医药将会非常昂贵。这会使得治疗只向能付得起费用的人开放。③

---

① Jocelyn Downie, Jennifer Llewellyn, & Françoise Baylis, A Constitutional Defence of the Federal Ban on Human Cloning for Research Purposes, 31 Queen's L.J. 353, 2005, pp.378—379.

② Li Li et al., Human Embryonic Stem Cells Possess Immune-Privileged Properties, 22 Stem Cells 448, 2004, pp.448—456.

③ Jocelyn Downie, Jennifer Llewellyn, & Françoise Baylis, A Constitutional Defence of the Federal Ban on Human Cloning for Research Purposes, 31 Queen's L.J. 353, 2005, pp.380—383.

第六章

克隆人技术立法宪法规制的挑战与展望

当前,克隆人技术仍处于迅速发展的阶段,宪法需要对克隆人技术的发展予以积极应对。克隆人技术立法的宪法规制是宪法应对克隆人技术发展的重要方面。面对克隆人技术的发展给生命与人的尊严价值带来的冲击,各国基于不同的历史文化传统、国家利益、宗教等因素,采取的法律应对措施存在较大差异。克隆人技术立法的宪法规制在各国并没有形成价值共识。面向未来,应通过宪法为人类在克隆人技术的立法规制中提供规范指引,妥当协调相关价值和利益冲突,守护人类命运共同体的价值基础。

第一节　克隆人技术的发展趋势与宪法应对

一、克隆人技术的发展趋势

1998 年,美国科学家理查德·锡德宣称,他打算在一年半内完成第一个克隆人,并预计以后一年内复制出 500 个克隆人。①2002 年美国生育专家帕诺斯·扎沃斯宣称俄罗斯和中国正在秘密进行克隆人实验。②从科学的角度来讲,实践中生殖性克隆在技术上已经成为可能。

---

① 郭自力:《生物医学的法律和伦理问题》,北京大学出版社 2002 年版,第 209 页。
② 朴抱一:《中国也在克隆人?》,载《南方周末》2002 年 6 月 7 日。

20 世纪 50 年代到 60 年代成功克隆青蛙并获得 2012 年诺贝尔生理学或医学奖的约翰·格登（John Gurdon）教授预测克隆人可能会在未来的 50 年内诞生。①

二、克隆人技术发展的宪法应对

面对克隆人技术的发展，宪法需要积极予以应对。克隆人技术的发展，为宪法的发展带来了机遇。克隆人技术拓展了宪法的调整范围和宪法学的研究领域。克隆人技术研究领域是一个新兴的研究领域，这一领域的出现为宪法研究提供了新的素材，宪法学在回应这一技术对宪法冲击的同时，其自身的理论体系也会得到发展。尤其是克隆人技术涉及公民生命权、人的尊严、生育权和科学研究自由等诸多重要的宪法价值，宪法在回应克隆人技术的过程中，需要对相关宪法规范进行解释和发展，同时也需要拓展解决相关宪法价值冲突的宪法方法，宪法规范体系会在应对这一技术的过程中得到进一步完善。

对于克隆人技术发展对宪法价值带来的冲击，宪法需要积极应对。宪法学应对那些"可能给人类造孽的"负面效应发挥抑制作用，以保证科技的发展造福于人类。②克隆人技术的发展是客观存在的，其对于宪法价值的冲击不会因宪法学界的漠视而消失。

面对克隆人技术的发展，宪法学界在基本价值层面应持一种相对保守的态度，抑制克隆人技术对生命和人的尊严价值的冲击。克隆人技术发展具有脱离宪法规制的趋势。克隆人技术可能会给社会带来巨大利益，在这一利益面前，宪法价值可能被忽视。有些科研工作者甚至认为科学研究无禁区，克隆人技术研究完全属于科学研究的范围，而宪法对科技的规制对于科学研究来说是一种阻碍。克隆人技术的发展还会为特殊群体的利益诉求带来期待，比如不孕不育的夫妇希望通过克隆人技术拥有一个孩子，进而会主张生育自由的平等保护。对于同性

① "Human cloning 'within 50 years'", http://www.telegraph.co.uk/news/science/science-news/9753647/Human-cloning-within-50-years.html(last visited March 19, 2015).

② 韩大元：《论现代科学技术对宪法学的影响》，载《科技与法律》1996 年第 1 期。

恋者、想过单身生活的人来说，克隆人技术可以使他们拥有一个与其基因相关的孩子。治疗性克隆可能会为病人提供需要的器官。克隆人技术广泛的运用前景可能会使这一技术的发展趋向于脱离宪法的规制。宪法规制的价值在于抑制这种对技术的不理性的狂热追求。与克隆人技术极为相关的生命与人的尊严价值是宪法存在的基础价值，任何科技的发展，无论其对于社会可能带来怎样的利益，都不能以侵害生命和人的尊严价值为代价。

宪法作为价值体系，需要在基本价值理念上抑制对科技发展的不理性追求，"从科学工作者的伦理要求看，科研自由应造福于人类，不能危害人类社会发展，特别是科研活动不得违反人权保障原则，通过科研为人类进步事业服务是科学工作者的基本职业要求，这种伦理要求与宪法的基本理念是相一致的，它构成合宪性的基础"。[1]科技发展的过程中，应当重视在科研工作者中树立生命和人的尊严至上的宪法理念，通过宪法理念保障克隆人技术沿着符合宪法价值的方向发展。同时，宪法作为一种规范体系，应在规范上为克隆人技术的相关科学研究确立界限，保证克隆人技术研究符合宪法保障生命和人的尊严的基本精神。同时，要确保在国家的立法权、行政权和司法权的行使过程中保护宪法的基本价值。尤其是在克隆人技术的相关立法过程中，确保公民生命和人的尊严价值在相关立法中得以贯彻和落实，并在冲突的宪法价值之间寻求合理的平衡，是有效回应克隆人技术对宪法冲击的重要方面。

第二节　克隆人技术立法宪法规制面临的挑战

一、宪法规制的价值共识难以达成

各国在克隆人技术立法宪法规制过程中，首先需要确立宪法规制的价值共识。但在实践中，受宪法历史文化差异的影响，各国对于克隆

---

① 韩大元：《论现代科学技术对宪法学的影响》，载《科技与法律》1996 年第 1 期。

人技术涉及的生命和人的尊严的保护,并没有形成稳固的价值共识。比如,德国克隆人技术立法宪法规制的价值基础为生命与人的尊严,这一价值基础也获得基本法的确认与保障。而在美国,保护生命与人的尊严这一宪法规制的价值基础面临自由主义价值观的挑战,这是由美国自由宪政的历史传统决定的。再加上生命保护起点的不确定性和人的尊严价值的抽象性,使得生命与人的尊严这一宪法规制的价值基础在各国难以达成共识。

各国宪法规制没有达成价值共识的重要体现在于,当前各国的立法实践中对克隆人技术的立法规制呈现多元化趋势。各国基于本国国情通过民主立法程序对于克隆人技术进行立法规制,在国内法上具有民主正当性。但各国在立法规制上的多元化,会使各国法律规制的有效性面临冲击。根据笔者收集的世界各国克隆人技术立法的基本情况,当前世界上有接近 30 个国家对于生殖性克隆予以明确的立法禁止,对违法者予以刑罚处罚。但还有一些国家仅仅对生殖性克隆予以行政处罚,其他国家则没有相关立法,对生殖性克隆技术的发展持一种国家放任的态度。可见,各国立法规制生殖性克隆体现出多元化的特点(见下表)。

表 6-1　生殖性克隆的刑罚规制与行政法规制

	国　家	法　律	(最高)处罚
刑罚处罚	德　国	1990 年《胚胎保护法》	5 年有期徒刑
	法　国	《刑法典》	30 年有期徒刑
	澳大利亚	2006 年修改后的《禁止生殖性克隆法案》	15 年有期徒刑
	韩　国	2008 年修改后的《生物伦理与安全法》	10 年有期徒刑
行政法处罚	中　国	2001 年实施的《人类辅助生殖技术管理办法》	警告、3 万元以下罚款,对责任人行政处分
	埃　及	2003 年《人口与卫生部长决议》	撤销专业许可证
	科索沃	2004 年《卫生法》	500—1 000 欧元罚款

治疗性克隆的立法规制与生殖性克隆的立法规制相类似,也呈现

多元化特点,有的国家通过立法严格禁止治疗性克隆,并对违法者予以刑罚处罚,比如,加拿大议会 2004 年通过的《人工辅助生殖及相关研究法》对生产克隆胚胎从事治疗性克隆行为的最高可处 10 年有期徒刑;有的国家则允许进行治疗性克隆,仅仅通过立法对相关程序进行规制,比如英国 1990 年通过的《人类受精与胚胎法》便允许治疗性克隆。

　　各国克隆人技术立法上的差异性会使得特定国家立法目的的有效实现面临冲击。比如,倘若某个国家立法禁止生殖性克隆,那么这个国家的科学家可以到没有禁止这一技术的国家从事相关科学研究。这样一来,对于那些立法禁止生殖性克隆的国家来说,一方面担忧本国优秀科学研究工作者的流失问题,另一方面担心相关科学技术的发展会落后于其他国家。在各国立法规制存在多元性的现实情况下,宪法对于国家立法的规制又受制于各国宪法历史文化传统等因素难以达成共识。各国在克隆人技术立法上的巨大差异会持续存在,克隆人技术立法规制的有效性和权威性也会面临冲击。

二、宪法规制的理念和制度基础薄弱

　　宪法的有效实施需要宪法成为价值判断与行动选择的主要依据,成为全社会的共识。[1]克隆人技术立法的宪法规制,首先体现在立法方向的选择和立法程序之中。克隆人技术立法的方向要接受宪法价值的指引,立法的程序需要遵循基本的宪法原则。这一阶段宪法规制目标的达成,一方面依赖于立法后的合宪性审查,另一方面也依赖于立法者的宪法理念。立法者在立法过程中应充分考虑宪法价值,民众在监督国家立法的过程也应具备宪法意识。立法过程中宪法规范和宪法精神的贯彻在很大程度上依赖立法者的自觉落实。在克隆人技术立法方向上,立法者应考虑到这一技术涉及的宪法上的生命和人的尊严价值,需要在冲突的价值中进行权衡。立法者在立法中所持有的基本宪法理念是宪法规制目标达成的观念基础。此外,其他立法参与主体也应具有

---

　　① 王旭:《宪法凝聚共识》,载《求是》杂志 2014 年第 24 期。

宪法意识,民众可以监督立法者是否按照宪法规定的程序进行相关立法。立法参与过程中的其他主体,尤其是科研和医务工作者,不应仅仅考虑现实的克隆人技术发展给自己或社会带来的利益,更要考虑这一技术发展是否危及人的生命和基本尊严。在克隆人技术立法过程中,立法者往往忽视宪法上的一些基本原则,科研人员在参与立法的过程中往往秉持自由主义理念,而大多数政府部门在克隆人技术相关立法的起草过程中往往从国家的医学进步和民众健康等功利主义角度出发,偏重于追逐克隆人技术可能带来的利益。立法者、科研工作者和民众等参与克隆人技术立法过程的群体宪法理念薄弱,会削弱宪法规制作用的发挥。

克隆人技术立法合宪性审查的制度基础也存在问题。克隆人技术立法宪法规制的前提和基础在于宪法的权威性与实效性。无论是在克隆人技术领域,还是在其他领域立法的宪法规制,其基本的前提都是宪法在国家治理中具有权威性,宪法规范和价值能够在国家权力运作中发挥引导和拘束作用。从各国立法宪法规制的运行状况来看,宪法实施状况相对良好的国家,宪法在规制立法的过程中发挥作用的空间较大。宪法实施效果不理想的国家首先需要考虑如何建构实效性的合宪性审查制度。

三、宪法规制的权威与效力面临冲击

克隆人技术立法的宪法规制与其他领域立法的宪法规制相比,其权威性和效力面临的冲击更大。宪法规制立法的权威性一方面来自宪法在整个法律秩序中的最高性,另一方面是来自宪法规制的稳定性。宪法凝聚了社会价值共识,通过宪法规制确定的法律秩序更为稳定。在克隆人技术立法的宪法规制中,需要确立宪法中生命和人的尊严的价值基础地位,因而需要对技术发展的过程作出全面评估。当前立法禁止克隆人的重要宪法基础在于克隆人技术存在安全问题,但这一基础可能会随着克隆人技术的发展而逐渐被削弱。克隆人技术的发展完全可能超越立法及其宪法规制过程中人们对于这一技术的判断和预

期。因此,基于安全性问题对克隆人技术立法的宪法规制存在不确定
性因素。

克隆人技术立法宪法规制的权威与效力还可能面临民众观念变化
带来的冲击。1978 年第一个试管婴儿路易斯·布朗在英国诞生的时
候,民众对于试管婴儿技术普遍持反对的态度,正如当前民众对于生殖
性克隆的态度一样。但是随着布朗的成长,民众对于试管婴儿的价值
观念也发生了变化。生殖性克隆通过体外的细胞核置换技术产生胚
胎,再将胚胎转移到妇女子宫,这与人工辅助生殖技术中的体外受精过
程极为相似。有一种支持生殖性克隆的观点正是基于人类辅助生殖技
术的历史。该观点认为,克隆与其他人工辅助生殖技术一样,虽然现在
难以被公众接受,但是随着社会发展,民众迟早会接受。如果追溯人类
辅助生殖技术的历史会发现,历史上人类辅助生殖技术也曾遭到公众
的责难,比如人工授精就曾受到指责,甚至一度被禁止用在牛身上。[1]
有人甚至认为通过捐赠者进行人工授精像原子弹一样令人吃惊。体外
受精技术直到 1978 年才得以成功,其实这项技术本可以在 20 世纪 40
年代付诸实现,但是不利的社会氛围使其推迟了几十年。[2]尽管受到来
自社会的反对,但是人工授精、体外受精等人类辅助生殖技术已经得到
广泛应用并获得普遍的接受。有学者指出,对于新的生育方式,公众的
反应模式是可预测的,往往是从"带有敌意的反对"过渡到"不带敌意的
反对",然后是"逐渐感到好奇、学习与评估",再"非常缓慢而稳固地接
受",[3]这一过程大致是公众对科技进步反应的一个写照。在美国,诸
如生育事务等基本事项的决定,都是交由当事人而不是多数人。克隆
人与之前的人类辅助生殖技术一样,正在接受公众的审视,尽管当前遭

---

① See Alun M. Anderson, Facing Science Fact-Not Fiction, Wash. Post, Mar. 12,
1997, A19.

② Robert Blank & Janna C. Merrick, Human Reproduction, Emerging Technolo-
gies, and Conflicting Rights 225, 1995.

③ The Prohibition of Federal Government Funding for Human Cloning Research:
Hearing before the Subcomm. on Tech. of the House Comm. on Science, 105th Cong.
28, 1997.

到公众反对,但是面向未来,克隆人会被"稳妥地接受"。尤其当第一个克隆孩子诞生的时候,也许社会观念会像第一个试管婴儿诞生的时候一样发生变化。人们会更加一致地认识到已婚夫妇在面对生育的自然限制方面,决定其生育命运所带来的自由利益。那个时候,社会将进入新的时代。①随着克隆人技术的发展,克隆人或许将来会出现在公众视野,民众如果普遍接受了这一技术,宪法对于立法的规制是否会随之变化,宪法保护的生命与人的尊严价值应当如何捍卫,克隆人诞生之后应当如何对其宪法地位予以确认和保护,这都值得认真探讨。

第三节　克隆人技术立法宪法规制的未来展望

一、巩固生命与人的尊严的价值基础地位

在人类文明演进中,人们选择通过宪法治理国家的根本目的在于保障生命与人的尊严。生命和人的尊严是自由和其他宪法价值的根基。随着现代社会的发展,对人的生命和尊严价值的威胁不再仅局限于自然灾难,而源自科技的发展。科技能为自由和权利提供物质基础,也能摧毁人们的生命和尊严。宪法在现代科技发展进程中一方面要维护有益于人们的科学技术的发展,另一方面也要避免科技给人类的生存带来毁灭性破坏。如何在科技发展的过程中捍卫人的生命和尊严价值是现代宪法最核心的主题。科技发展中对功利主义价值和自由主义价值的过分强调会威胁到人的生命和尊严价值,这背后交织着国家之间的科技竞争、研究人员之间的利益争夺和普通民众对于科技发展的盲目崇拜。在这一背景下,宪法应在科技发展中担当护卫生命和人的尊严价值的角色。在克隆人技术立法的宪法规制中,应当通过生命与人的尊严价值来抑制克隆科技发展的非理性,科学研究自由与生育自由的实现应以人的生命与尊严价值的保障为基础和前提。

---

①　Lawrence Wu, Family Planning Through Human Cloning: Is There A Fundamental Right? 98 Colum. L.Rev. 1461, 1998, p.1514.

在克隆人技术立法方向的选择与立法过程中应继续坚持生命与人的尊严价值的引导作用。对此，首先需要培育国家公职人员尊重生命和人的尊严的宪法意识。克隆人技术立法的提出、起草和讨论的过程是由国家公职人员主导的，公职人员在这一过程中不仅应有法治思维，还应当具有宪法思维。从国家领导人到普通公务员都要严格按照宪法办事，养成维护宪法的意识，树立宪法法律至上的理念，以宪法作为其行为的最高准则。[①]国家公职人员应当在立法过程中维护宪法至上的思维，重视生命与人的尊严在宪法价值中的基础地位，在立法过程中主动贯彻尊重和保障生命和人的尊严的理念。此外，还应当重视培养科研人员、伦理学家和普通民众等群体尊重生命和人的尊严的宪法观念。在克隆人技术的立法过程中，科研人员和伦理学家是重要的立法参与者，其对于生命和人的尊严所持有的立场和观念直接影响到立法对于克隆人技术的整体的规制方向和具体的规制方式。科研人员和伦理学家有时会基于功利主义和自由主义的理念影响立法过程，对此应当培育其尊重生命和尊严的宪法意识。

在克隆人技术立法的合宪性审查过程中，生命与人的尊严价值应当作为宪法解释的重要目标。在对相关宪法文本与规范的解释过程中，应当秉持生命和人的尊严至上的宪法理念，存在多种解释可能的情况下，优先选择有利于保护生命和人的尊严价值的解释方案。其他宪法价值与人的生命和尊严价值相冲突的时候，应当优先保护生命与人的尊严价值。对克隆人技术合宪性审查的过程也是重新凝聚社会共识的过程。合宪性审查过程中对于生命和人的尊严价值的维护有助于在社会中形成尊重生命和人的尊严的宪法意识，进而在克隆人技术的宪法规制中进一步巩固生命与人的尊严的价值基础地位。

二、坚持宪法文本的规范基础地位

克隆人技术立法的宪法规制应当继续坚持宪法文本的规范基础地

---

① 韩大元：《培育领导干部的宪法思维》，载《检察日报》2015 年 12 月 5 日。

位。宪法文本凝聚着社会的价值共识,具有稳定性和规范性。克隆人技术立法过程中交织着不同群体的价值观念,这些价值观念之间存在相互冲突,宪法规制克隆人技术立法的过程,也是通过宪法文本的解释和适用,协调不同群体价值冲突的过程。宪法文本的解释和适用具有一套成熟的方法和技术,以宪法文本为规范基础对克隆人技术立法进行宪法规制,有助于通过宪法的规范性与权威性凝聚社会价值共识。

克隆人技术立法的宪法规制应坚持宪法文本的规范基础地位,首先需要树立宪法文本意识。通过宪法规制克隆人技术立法,以实现宪法共识要充分尊重宪法文本。对于克隆人技术立法的合宪性审查需要在生命与人的尊严的价值指引下回到宪法文本的解释。值得强调的是,宪法文本并不是封闭的,而是一个具有开放性的规范体系,尊重宪法文本并不是僵化地理解宪法中的文字。比如,有些国家的宪法文本中没有规定生命权,这并不意味着生命权没有宪法规范基础,而是需要通过宪法解释技术从宪法文本中解释得出。生命的价值远远高于国家共同体的存在,条文中是否有具体规定并不重要,关键在于整个社会能不能真正地尊重生命的价值。[①]在克隆人技术的宪法规制中,基于宪法文本体系上的开放性,不同群体有关克隆人技术的主张都能够在宪法文本上寻求其文本基础,进而能将不同社会价值观的冲突问题转化成宪法文本上的不同宪法诉求之间、不同的基本权利之间的冲突问题,然后通过宪法上解决基本权利冲突问题的解释技术和方法在冲突的宪法价值之间寻求协调和解决方案。克隆人技术的宪法规制面临着科技发展对宪法规制权威性和有效性的冲击。尊重宪法文本,从宪法文本出发审视发展中的克隆人技术及相关立法,有助于维护和捍卫生命和人的尊严的基本宪法共识,并在宪法规范体系内解决克隆人技术发展带来的不确定性。比如,如果将来有科学家克隆出克隆孩子,应当如何从法律上认定克隆孩子的主体地位,应当如何调整相关法律以应对克隆人的诞生对整个法律秩序的冲击等,这些克隆人技术发展带来的问题,

---

① 韩大元:《认真对待中国宪法文本》,载《清华法学》2012年第6期。

都需要回归到宪法规范体系之中来进行解释和应对。

　　克隆人技术立法的宪法规制坚持宪法文本的规范基础地位,还需要进一步树立宪法权威,通过宪法实施让宪法文本的价值在国家权力运作和社会实际生活中发挥作用。包括对克隆人技术立法在内的任何立法的宪法规制都是以宪法的有效实施和宪法权威在国家生活中的树立为基本前提的。因此,在尚未建立实效性宪法审查制度的国家,当前需要进一步完善宪法审查制度,推进宪法的有效实施,为克隆人技术立法的宪法规制提供现实和制度基础。

三、迈向宪法规制的全球一体化

　　各国克隆人技术立法的多元化问题需要通过寻求国际法律规制达成价值共识。尤其是克隆羊多莉诞生以后,以人的生命和尊严为价值基础的克隆人技术的国际立法规制随之兴起。1997 年,第五十届世界卫生大会通过一项决议认为使用无性生殖技术克隆人从伦理上来说是不能接受的。同年 11 月,联合国教科文组织通过了《世界人类基因组与人权宣言》,认为生殖性克隆与人类尊严相冲突,不予允许。2005 年联合国通过的《联合国关于人的克隆宣言》要求各国考虑禁止违背人类尊严的各种形式的克隆人。上述国际立法的规制过程中并没有在各国达成价值共识,尤其对于是否应同时禁止生殖性克隆和治疗性克隆的问题,各国并没有形成一致的意见,比如中国在联合国通过《联合国关于人的克隆宣言》时投了反对票。并且,由于当前上述宣言在各国并没有强制效力,只具有一定程度上的价值指引和宣示意义。同时,在区域性的立法规制层面,也取得了诸多成果。1997 年到 2000 年,欧洲议会通过一系列关于克隆人的决议,认为克隆人损害人类尊严,应当同时禁止治疗性克隆与生殖性克隆。尤其值得关注的是,1998 年欧洲 19 个国家在法国巴黎签署了一项《禁止克隆人的附属议定书》,明确禁止克隆人。2000 年《欧洲联盟基本权利宪章》也禁止对人类复制性的无性繁殖。在区域立法规制的层面,也存在价值分歧,比如 1998 年欧洲 19 个国家在法国巴黎签署《禁止克隆人的附属议定书》的过程中,英国因为其规定过于严苛而拒绝参加,德国因其规定过于宽松而拒绝参加。因此,无论是克隆人技术的国际立法规制,还是区域立法规制,都没有完全在各国之间达成价值共识。

每个时代都有其解释世界的理念,在中世纪时期为宗教,在文艺复兴时期为理性,在 19 世纪和 20 世纪为民族主义。当今世界,科学与技术是具有统治性的概念。在人类的历史进程中,科学与技术往往能够突破传统文化的束缚为人类带来巨大福祉,但同时科学与技术也能创造毁灭人类的武器。面向未来,应当确立保障个体尊严、参与式管理和国际合作的世界秩序。①随着现代科技的发展,生命和人的尊严这一人类生存的基础价值正面临越来越多的威胁,并且这一威胁是超越国界的,具有根本性的。人类社会需要在"技术恐怖主义"②日益猖獗的背景之下,通过国际法律共同体建构一种以维系人类基本生存和尊严为价值导向的世界秩序。

① Henry Kissinger, World Order, Penguin press, 2014, pp.293—329.
② 这里的"技术恐怖主义"是指通过现代科技的手段威胁人类生存的恐怖主义。

第七章

我国克隆人技术立法的宪法规制

以克隆人技术为代表的基因科技正在深刻改变着人类的生活。人的本质在基因科技革命中面临前所未有的挑战。面对克隆人技术发展带来的挑战,国家应当积极予以立法应对,并要在立法中贯彻尊重和保障生命与人的尊严的宪法精神。根据这一基本的宪法要求审视我国克隆人技术的相关立法①,笔者发现我国克隆人技术立法面临着合宪性危机。从宪法学角度确立克隆人技术的立法原则,并在相互冲突的宪法价值之间寻求合理的平衡显得尤为重要。

第一节　我国克隆人技术立法的"功利主义"逻辑

在道德哲学中,功利主义是把"功利"或"最大幸福原理"当作道德基础的信条主张。行为的对错,与它们增进幸福或造成不幸的倾向成正比。克隆人技术立法的"功利主义"逻辑强调克隆人技术带来的社会福利最大化,而这一技术运用中涉及的相关权利保障则处于从属地位。

我国克隆人技术立法规制秉持"功利主义"逻辑,强调克隆人技术对国民健康和医疗进步的功利价值,形成以部门规章为规范基础的宽

---

① 这里"立法"中的"法"是从比较宽泛的法律渊源的角度讲的,是广义上的"法",包括部门规章。

松型行政法规制模式。

一、克隆人技术立法之目的

我国克隆人技术立法的总体目标为禁止生殖性克隆,允许治疗性克隆,初步形成了"禁止生殖性克隆、支持治疗性克隆"的国家有限许可模式。我国选择该模式主要基于功利主义的考虑。对于克隆人技术,我国政府明确表明不赞成、不允许、不支持、不接受生殖性克隆人试验,但支持治疗性克隆研究。2005年3月8日第五十九届联合国大会批准《联合国关于人的克隆宣言》时,中国投反对票。在法律委员会表决中中国代表苏伟在接受采访时表示,中国在这一问题上的一贯立场是:生殖性克隆人违反人类繁衍的自然法则,损害人类作为自然的人的尊严,引起严重的道德、伦理、社会和法律问题。中国政府积极支持制定一项国际公约,禁止生殖性克隆人。但是,治疗性克隆研究与生殖性克隆有着本质的不同,治疗性克隆对于挽救人类生命,增进人类身体健康有广阔前景和深厚潜力,如把握得当,可以造福人类。中方反对将两个性质不同的问题混为一谈。"我们认为治疗性克隆和生殖性克隆是可以区分的,而在这次通过的联大宣言中却没有将这两种克隆区分开,表述非常含糊不清,提到的禁止范围可能会被误解为也涵盖治疗性克隆研究,这是中方所不能接受的。"①

二、克隆人技术的宽松型行政法规制体系

与功利主义立法目的相适应,目前我国对于克隆人技术的法律规制主要建构于《人类辅助生殖技术规范》《人胚胎干细胞研究伦理指导原则》等部门规章之上,形成了宽松型行政法规制模式。这一规制模式的主要特点在于"宽松"。

我国克隆人技术相关立法普遍禁止克隆人。我国最早涉及克隆人的立法是2001年5月14日卫生部发布的《人类辅助生殖技术规范》,

---

① 马宁:《联大通过关于人的克隆宣言,中国代表解释投反对票原因》,载《北京青年报》2005年3月10日第A1版。

该技术规范在技术实施人员行为准则部分的第 9 点规定："禁止克隆人。"2003 年 6 月 27 日卫生部重新修订、2003 年 10 月 1 日起实施的《人类辅助生殖技术规范》在实施技术人员的行为准则部分第 15 点再次明确规定："禁止克隆人。"卫生部在发布《人类辅助生殖技术规范》的同一天公布了《人类辅助生殖技术和人类精子库伦理原则》，该伦理原则强调人类辅助生殖技术应当坚持保护后代和社会公益等伦理原则，明确规定："在尚未解决人卵胞浆移植和人卵核移植技术安全性问题之前，医务人员不得实施以治疗不育为目的的人卵胞浆移植和人卵核移植技术。""医务人员必须严格贯彻国家人口和计划生育法律法规，不得对不符合国家人口和计划生育法规和条例规定的夫妇和单身妇女实施人类辅助生殖技术。""医务人员不得实施生殖性克隆技术。""医务人员不得进行各种违反伦理、道德原则的配子和胚胎实验研究及临床工作。"2003 年 12 月 24 日，科技部、卫生部发布的《人胚胎干细胞研究伦理指导原则》第 4 条规定："禁止进行生殖性克隆人的任何研究。"

　　我国克隆人技术立法在规制程序设计上，对治疗性克隆研究确立了宽松的程序限制，仅在《人胚胎干细胞研究伦理指导原则》第 6 条规定了胚胎干细胞研究的三条禁止性行为规范："进行人胚胎干细胞研究，必须遵守以下行为规范：（一）利用体外受精、体细胞核移植、单性复制技术或遗传修饰获得的囊胚，其体外培养期限自受精或核移植开始不得超过 14 天。（二）不得将前款中获得的已用于研究的人囊胚植入人或任何其他动物的生殖系统。（三）不得将人的生殖细胞与其他物种的生殖细胞结合。"在对违法从事克隆研究的处罚上，仅配置了行政处罚为主的法律责任体系。2001 年 8 月 1 日施行的《人类辅助生殖技术管理办法》第 3 条第 1 款规定："人类辅助生殖技术的应用应当在医疗机构中进行，以医疗为目的，并符合国家计划生育政策、伦理原则和有关法律规定。"第 13 条规定："实施人类辅助生殖技术应当符合卫生部制定的《人类辅助生殖技术规范》的规定。"根据其第 22 条的规定，开展人类辅助生殖技术的医疗机构违反本办法的，"由省、自治区、直辖市人民政府卫生行政部门给予警告、3 万元以下罚款，并给予有关责任人行政处分;构成犯罪的,依法追究刑事责任"。我国刑法未规定从事生殖性克隆构成犯罪,因此根据《人类辅助生殖技术规范》,对于违法从事生殖性克隆的行为的规制手段仅限于警告、罚款等行政处罚。

此外,根据 2010 年施行的《专利审查指南(2010)》,对克隆人相关技术发明不授予专利。2010 年 1 月 21 日国家知识产权局公布、自 2010 年 2 月 1 日起施行的《专利审查指南(2010)》规定:"发明创造与社会公德相违背的,不能被授予专利权。例如,带有暴力凶杀或者淫秽的图片或者照片的外观设计,非医疗目的的人造性器官或者其替代物,人与动物交配的方法,改变人生殖系遗传同一性的方法或改变了生殖系遗传同一性的人,克隆的人或克隆人的方法,人胚胎的工业或商业目的的应用,可能导致动物痛苦而对人或动物的医疗没有实质性益处的改变动物遗传同一性的方法等,上述发明创造违反社会公德,不能被授予专利权。"

表 7-1　我国克隆人技术的立法现状

制定时间	制定主体	法律文件	相　关　内　容
2001 年发布、2003 年修订	卫生部	《人类辅助生殖技术规范》	禁止克隆人。
2001 年发布	卫生部	《人类辅助生殖技术管理办法》	人类辅助生殖技术的应用应当在医疗机构中进行,以医疗为目的,并符合国家计划生育政策、伦理原则和有关法律规定。实施人类辅助生殖技术应当符合卫生部制定的《人类辅助生殖技术规范》的规定。对违反本办法的医疗机构给予警告、3 万元以下罚款,并给予有关责任人行政处分;构成犯罪的,依法追究刑事责任。
2003 年发布	卫生部	《人类辅助生殖技术和人类精子库伦理原则》	在尚未解决人卵胞浆移植和人卵核移植技术安全性问题之前,医务人员不得实施以治疗不育为目的的人卵胞浆移植和人卵核移植技术。医务人员必须严格贯彻国家人口和计划生育法律法规,不得对不符合国家人口和计划生育法规和条例规定的夫妇和单身妇女实施人类辅助生殖技术。医务人员不得实施生殖性克隆技术。医务人员不得进行各种违反伦理、道德原则的配子和胚胎实验研究及临床工作。

（续表）

制定时间	制定主体	法律文件	相　关　内　容
2003 年发布	科技部、卫生部	《人胚胎干细胞研究伦理指导原则》	禁止进行生殖性克隆人的任何研究。 进行人胚胎干细胞研究,必须遵守以下行为规范: （一）利用体外受精、体细胞核移植、单性复制技术或遗传修饰获得的囊胚,其体外培养期限自受精或核移植开始不得超过 14 天。 （二）不得将前款中获得的已用于研究的人囊胚植入人或任何其他动物的生殖系统。 （三）不得将人的生殖细胞与其他物种的生殖细胞结合。
2006 年发布、2010 年修订	国家知识产权局	《专利审查指南（2010）》	克隆的人或克隆人的方法等与社会公德相违背的发明创造,不能被授予专利权。

第二节　我国克隆人技术立法面临的困境

我国秉持"功利主义"逻辑所形成的以部门规章为规范基础的宽松型行政法规制模式在价值基础、合法性和有效性等方面面临诸多问题。

一、立法规制内在的价值冲突

克隆人技术立法规制本身面临内在的价值冲突。允许治疗性克隆对于增进人类健康、保护公民的健康权益具有广阔前景,但同时也会损害大量的人类胚胎,这与宪法保护的生命价值相冲突,会导致法规范体系内部对侵害"生命与尊严"行为的评价上的矛盾。国家对于生命价值的保护并非发端于出生之后的人类个体,而是延续到生命孕育的整个过程。在我国,胚胎属于宪法保护的对象,在生命权的保障范围之内,立法者对其负有保护义务。在我国实体法律秩序中,立法者已经部分地履行了宪法对未出生生命的保护义务,初步建构了胚胎与胎儿生命健康保护的法律规范体系。比如,我国 2015 年修订后的《人口与计划生育法》第 35 条严禁非医学需要的选择性别的人工终止妊娠。《母婴保健法》要求医疗保健机构为公民提供婚前保健服务,其主要的目的在于确保胚胎和胎儿的生命健康。我国《刑法》第49条第1款规定的,对于审判的时候怀孕的妇女不适用死刑的目的也在于保护胚胎和胎儿的生命权。①《劳动法》第61条规定,"不得安排女职工在怀孕期间从事国家规定的第三级体力劳动强度的劳动和孕期禁忌从事的劳动。对怀孕7个月以上的女职工,不得安排其延长工作时间和夜班劳动"。这也体现了国家对胚胎和胎儿生命健康的立法保护。因此,立法允许治疗性克隆损毁人类胚胎,这与保护胚胎生命的实体法秩序存在价值上的冲突。

二、立法规制的合法性危机

我国的宽松型行政法规制模式,不仅存在内在的价值冲突,也明显违反法律明确性原则,在合法性方面也存在危机。法律明确性原则是一项重要的立法原则,是指法律对公民基本权利所作的限制必须内容明确,能够对公民的行为作确定性的指引。立法机关纵然可以通过制定法律来限制公民基本权利,但法律规范在对象、措施、范围以及针对哪种基本权利方面必须非常明确具体,使公民可以从该规范中明确获知自己应当如何行为。我国《立法法》第6条明确规定:"立法应当从实际出发,科学合理地规定公民、法人和其他组织的权利与义务、国家机关的权力与责任。法律规范应当明确、具体,具有针对性和可执行性。"这为立法的法律明确性原则提供了法律依据。当前我国对于克隆人技术的法律规制主要通过卫生部与科技部的部门规章来实现,这些部门规章在明确性上存在重大缺陷,违反《立法法》第6条关于"法律规范应当明确、具体"的基本要求。具体体现在如下几个方面:

第一,立法在禁止"哪些人"从事生殖性克隆方面不够明确。如《人类辅助生殖技术规范》规定,人类辅助生殖技术实施人员"禁止克隆人";《人类辅助生殖技术和人类精子库伦理原则》规定,"医务人员不得

---

① 孟凡壮:《"审判的时候怀孕的妇女不适用死刑"的宪法学思考》,载《国家检察官学院学报》2014年第5期。

实施生殖性克隆技术";《人胚胎干细胞研究伦理指导原则》规定,所有中华人民共和国境内从事涉及人胚胎干细胞的研究活动的人员"禁止进行生殖性克隆人的任何研究"。对于上述模糊的立法表述,人们难免会产生如下疑问:在人类辅助生殖技术领域"人类辅助生殖技术实施人员"与"医务人员"是一致的吗? 这个领域里面有没有不属于"人类辅助生殖技术实施人员"或"医务人员"范围的研究人员呢?"从事涉及人胚胎干细胞的研究活动的人员"的主体范围如何界定? 是不是囊括了所有人? 克隆人立法的上述规定不符合立法明确性原则。

　　第二,立法在禁止生殖性克隆的"哪些行为"方面不够明确。我国克隆人的立法对生殖性克隆进行规制时,表述上极为混乱,使用了"克隆人""生殖性克隆技术"和"生殖性克隆人"等概念,没有对其给出明确界定。对此,人们难免会产生如下疑问:这三个概念的内涵是一致的吗? 立法到底要禁止哪些行为? 比如,"克隆人"这个概念有两种词性,作名词时,是指通过实施克隆人技术而产生的人类个体;作动词时,是指运用细胞核移植技术从人体的细胞内取出细胞核,将其植入一个去核卵子中,利用电流使其结合成为胚胎、然后将胚胎置入妇女或其他动物的子宫,之后历经胚胎、胎儿和新生儿的过程而生长成为一个独立的人类个体的过程。作为动词使用时,克隆人主要包括两种行为:体细胞核移植形成克隆胚胎的行为,以及将克隆胚胎置入妇女或其他动物子宫的行为。那么,立法如果是禁止一种行为,那么是禁止体细胞核移植形成克隆胚胎的行为,还是禁止将克隆胚胎置入妇女或动物的子宫的行为呢? 从"禁止克隆人"本身的语义表述来看,立法可解释为禁止任何生殖性克隆过程中的行为,而从我国政府对生殖性克隆的态度和《人胚胎干细胞研究伦理指导原则》第6条的规定来看,立法只是禁止将克隆胚胎置入人或动物的生殖系统的行为。立法上对"克隆人"的界定不够明确,再加上使用了"生殖性克隆技术""生殖性克隆人"等不同的概念,这必然会带来理解上的混乱。此外,《人胚胎干细胞研究伦理指导原则》中对"囊胚""单性分裂囊胚"和"遗传修饰囊胚"这些概念的表述也都非常模糊。

第三，立法对于监管主体的职责规定不够明确。目前我国立法规定的克隆人行为的监管主体主要包括卫生行政主管部门、卫生部指定的卫生技术评估机构、伦理委员会、医疗机构以及从事人胚胎干细胞研究的单位。立法对于监管主体的职责规定不够明确。比如，《人类辅助生殖技术管理办法》第 4 条规定："卫生部主管全国人类辅助生殖技术应用的监督管理工作。县级以上地方人民政府卫生行政部门负责本行政区域内人类辅助生殖技术的日常监督管理。"本条确认了卫生行政主管机关享有对人类辅助生殖技术监督管理的职权，该监管职权集中体现于行政审批权①的行使上。并且，该办法明确要求申请开展人类辅助生殖技术的医疗机构要符合卫生部制定的《人类辅助生殖技术规范》的要求。②2003 年修订后的《人类辅助生殖技术规范》主要包括三类规范:《体外受精—胚胎移植及其衍生技术规范》《人工授精技术规范》和《实施技术人员的行为准则》，其中，"禁止克隆人"是对医疗机构的实施技术人员的一个行为准则要求，而不是对医疗机构的明确要求，由此产生如下疑问:如果某一医疗机构实施技术人员违反《人类辅助生殖技术规范》的要求进行了生殖性克隆，那么卫生行政主管机关是否有权拒绝批准该医疗机构开展人类辅助生殖技术的申请? 如果已经批准，是否有权撤销? 此外，上述规章对于卫生部指定的卫生技术评估机构、伦理委员会、医疗机构以及从事人胚胎干细胞研究的单位的监管职责的规定也不够明确。

第四，立法在法律责任的规定方面不够明确。在人类辅助生殖技

①《人类辅助生殖技术管理办法》对申请开展实施人类辅助生殖技术的医疗机构的条件、审批程序等作了规定，其中第 12 条规定:"人类辅助生殖技术必须在经过批准并进行登记的医疗机构中实施。未经卫生行政部门批准，任何单位和个人不得实施人类辅助生殖技术。"

②《人类辅助生殖技术管理办法》第 6 条规定:"申请开展人类辅助生殖技术的医疗机构应当符合下列条件:(一)具有与开展技术相适应的卫生专业技术人员和其他专业技术人员;(二)具有与开展技术相适应的技术和设备;(三)设有医学伦理委员会;(四)符合卫生部制定的《人类辅助生殖技术规范》的要求。"《人类辅助生殖技术管理办法》第 13 条规定:"实施人类辅助生殖技术应当符合卫生部制定的《人类辅助生殖技术规范》的规定。"

术领域,目前有关规章重点规定了相关机构(非医疗或医疗机构)的法律责任,而没有明确规定相关医务人员的法律责任。如果医疗机构的医务人员或者非医疗机构的相关研究人员从事生殖性克隆研究,到底要承担怎样的法律责任呢?对此,我国目前有关克隆人的立法规定并没有给出明确答案。并且,即使在机构责任承担方面,当前也要结合《人类辅助生殖技术规范》及《人类辅助生殖技术管理办法》第13条才可勉强通过法律解释得出相关机构从事生殖性克隆要承担的法律责任,而具体要承担怎样的法律责任,现行立法规定并不明确。

三、立法规制的实效性问题

克隆人技术的法律规制应当遵循克隆人技术的发展规律。在生物医学上,治疗性克隆与生殖性克隆在"人类胚胎克隆"这一核心技术层面是相同的。立法允许治疗性克隆,意味着可以从事人类胚胎的克隆,而从人类胚胎克隆到生殖性克隆仅仅一步之遥,只需要将克隆胚胎转移到母体子宫发育成为个体即可完成。美国在联合国的立场认为,如果允许治疗性克隆,可能会导致滑坡效应,从而助长生殖性克隆的实现。这种担忧不无道理,正如德国教育和科研部部长布尔曼女士在德国柏林举行的以《生物医学研究和生殖中的克隆技术》为题的研讨会会议开幕式上致辞所说,目前对克隆技术不同的科研方法和目标的定义还不是很明确,生殖性克隆研究与治疗性克隆研究之间的暧昧关系难以界定,这恐怕才是专家们最为头疼的问题。以医治疾患为目的而对人类胚胎进行克隆和以生殖为目的而使克隆胚胎最终成为一个降临人世的生命,两者之间隔着的不过是一张薄薄的纸而已。[1]因此,"禁止生殖性克隆、允许治疗性克隆"这一国家有限许可模式存在难以消解的实效性危机。允许治疗性克隆在很大程度上意味着禁止生殖性克隆在技术规制的有效性层面上已经失去了可能。

我国政府对于克隆人的基本态度是禁止生殖性克隆,支持治疗性

---

[1] 潘治:《特别关注:克隆研究能走多远?》,载《科技日报》2003年5月19日。

克隆,这也是我国克隆人技术立法的目的。就目前我国立法对克隆人技术所采用的规制方式来看,难以达成上述立法目的。我国克隆人的立法规制对象偏重于医疗机构及其人员,忽视了其他相关科研人员。当前《人类辅助生殖技术规范》和《人类辅助生殖技术管理办法》的主要规制对象是人工辅助生殖领域的医疗机构及其医务人员。《人胚胎干细胞研究伦理指导原则》尽管将规制对象进一步扩大到"从事涉及人胚胎干细胞的研究活动的人员",但却没有明确规定相关监管主体的具体职责及违反该原则的法律责任。该《原则》第 11 条规定:"本指导原则由国务院科学技术行政主管部门、卫生行政主管部门负责解释。"这意味着相关法律责任问题需要科技部和卫生部的具体规定和落实。此外,刑罚规定的缺失致使禁止克隆人的立法目的难以实现。我国现行立法对于从事生殖性克隆的最严厉处罚只是行政处罚,没有配套的刑罚处罚。与生殖性克隆对研究人员本身可能带来的巨大利益相比,行政处罚对科研人员根本不具有足够的威慑力。而《专利审查指南(2010)》对以生殖性克隆方法的发明创造不授予专利的规定也无法阻止科研人员从事克隆人研究的脚步。

第三节　我国克隆人技术立法的合宪性调整

展望未来,我国克隆人技术的法律规制应当在理念层面汲取德国严格规制模式的价值内核,确立生命和人的尊严的价值优先地位,在具体的制度设计方面参照英国等国家的立法经验,尽快完善克隆人技术的法律规制体系。

一、确立生命与人的尊严保护的优先地位

我国克隆人技术的法律规制应当遵循保护生命与人的尊严这一国际价值共识,以生命与人的尊严为价值基础建构克隆人技术的法律规制体系。在克隆人技术法律规制过程中,需要通过生命与人的尊严价值抑制超越社会共同体的个体主义的价值主张。在克隆人技术规制

中,基于自由主义价值的主张多是建构于个体主义之上的,强调个体的权利与自由。在我国,克隆人技术规制过程中,强调个体主义自由和权利的主张与功利主义相结合,对生命和人的尊严价值构成强大冲击,致使实践中过于重视相关科技发展带来的医疗和经济利益,忽视人的主体性价值。对此,我国首先需要明确基本的价值立场,在克隆人技术规制中,生命与人的尊严作为共同体的基础价值要优先于基于个体主义的自由权。不得基于科研自由或生育自由侵害生命与人的尊严价值。并且,克隆人技术对人类社会存续的基础价值构成重大威胁,对个体自由的主张不得损害人类社会的基础价值。

值得强调的是,在克隆人技术法律规制过程中,生命与人的尊严价值的优先地位并不意味着没有任何价值协调空间。即使在采用严格规制模式的德国,生命保护和科研人员的自由权价值之间也可以协调。[①] 在我国,由于治疗性克隆对于治疗人类疾病存在广阔前景,对于早期人类胚胎生命价值的保护可以作出一定的妥协和退让,但这一妥协和退让本身也是有限度的:其一,在生殖性克隆方面,生命与人的尊严价值没有妥协和退让的空间,其二,治疗性克隆对于胚胎的研究和损毁需要接受严格的法律控制。

二、完善克隆人技术的法律规制体系

(一)制定《克隆技术管理法》

当前克隆人技术的立法主体是卫生部、科技部和国家知识产权局,法律位阶过低,同时也带来诸多问题。如 2003 年科技部和卫生部联合发布的《人胚胎干细胞研究伦理指导原则》存在许多缺陷,例如对"囊胚""单性分裂囊胚""遗传修饰囊胚""单性复制技术""遗传修饰"等这些术语没有界定;条文之间有不一致之处;有些规定过于笼统;没有罚则等。究其原因,有学者指出:"2003 年 4 月曾召开过专家会议,咨询

---

① Brigitte Zypries, Berlin, From Procreation to Generation? Constitutional and Legal-Political Issues in Bioethics, In Human Dignity and Human Cloning, edited by Silja Vöneky & Rüdiger Wolfrum, Martinus Nijhoff Publishers, 2004, p.111.

过专家对初稿的意见,但初稿中根本未提单性分裂、遗传修饰这些技术,这两种未经充分讨论更未经伦理考察的技术却赫然出现在发布的文件上,而这发布的文件未经原来参与讨论的专家过目。程序不当会使这类文件带上严重硬伤。"①由于克隆人技术涉及公民的生命权、科研自由、生育权等基本权利,由全国人大或全国人大常委会制定法律对克隆人技术加以规制,相比目前只通过部门规章来规制克隆人技术更有利于保证立法程序的正当性和立法实体内容的科学合理性。

在《克隆技术管理法》的立法过程中还应当保障公众的参与。具体实施上可采用双轨制,即成立两个起草班子,一个由法学家、伦理学家与科学家(主要是从事生命科学方面工作的专家)共同组成;一个由各界人士代表(主要是立法、司法、执法、科研教学、医疗卫生以及其他方面相关部门的代表)组成。这两个起草组都由全国人大常委会领导,每个起草组各自拟出一个稿子,再由全国人大常委会的相关部门对两个稿子去粗取精、取长补短综合成一个草案。②

当前我国克隆人技术立法在规制对象、措施、范围等方面不够明确、具体,违背法律明确性原则,难以为科研人员等相关主体提供确定性指引。对此,克隆技术立法中应对克隆人的相关概念予以明确界定,禁止任何人从事生殖性克隆,明确监管机关的监管职责及法律责任等核心问题。具体分述如下:

第一,立法应对克隆人技术的相关概念予以明确界定。将来制定《克隆技术管理法》应当明确界定如下概念:1.生殖性克隆。由于克隆人具有双重词性,建议立法统一用"克隆人"表达作为名词的克隆人,用"生殖性克隆"表达作为动词的克隆人。"生殖性克隆"可定义为:运用细胞核移植技术从人体的体细胞内取出细胞核,将其植入一个去核卵子中,利用电流使其结合成为胚胎、然后将胚胎置入人或动物的生殖系统使其发育成完整的人类个体的行为。2.治疗性克隆。由于在克隆胚

---

① 邱仁宗:《评〈人胚胎干细胞研究伦理指导原则〉》,载《医学与哲学》2004 年第 4 期。

② 参见李铸国:《关于克隆技术的立法研究》,载《科技与法律》1997 年第 4 期。

胎这一环节,治疗性克隆与生殖性克隆是一致的,因此生殖性克隆与治疗性克隆是两个极易混淆的概念。立法对此应当明确区分开来。"治疗性克隆"可定义为:运用细胞核移植技术从人体的体细胞内取出细胞核,将其植入一个去核卵子中,利用电流使其结合成为胚胎,然后培育胚胎干细胞和有可能被使用的细胞系统或组织的行为。3.胚胎。克隆技术生成的胚胎改变了传统上对于胚胎的界定,因此对胚胎的概念应当重新定义。"胚胎"可定义为:具有在人体或动物的子宫内发育为人类个体的潜能,但尚未形成胎儿之物。此外,立法对于"囊胚""单性分裂囊胚"等专业性很强的概念也应当明确其内涵。

第二,禁止任何人从事生殖性克隆。鉴于目前我国立法对于禁止哪些人从事生殖性克隆并不明确,建议《克隆技术管理法》明确规定禁止任何人从事生殖性克隆。生殖性克隆是一个行为过程,为了便于与治疗性克隆相区分,建议立法明确规定禁止"将克隆胚胎置入妇女或动物的子宫"。对此,可参考日本相关立法经验。日本 2000 年《克隆人及其他相关技术规制法》第 3 条规定:"禁止任何人将人体细胞的克隆胚胎、人与动物的融合胚胎、人与动物的混合胚胎或人与动物的嵌合体胚胎,植入人或动物的子宫内。"

第三,强化对治疗性克隆的法律规制。在允许治疗性克隆的国家往往对治疗性克隆予以严格的法律规制。对于治疗性克隆中的克隆胚胎研究可重点从如下三个方面进行限制:其一,时间上的限制。国家立法可明确规定用于研究的克隆胚胎的发育不得超过 14 天。其二,目的上的限制。立法规定克隆胚胎的研究必须基于合理的目的。对此可参照德国相关立法。为协调研究自由与胚胎生命价值之间的冲突,德国议会于 2002 年 6 月 28 日通过了《胚胎干细胞进口与使用有关胚胎保护法》,对于胚胎干细胞相关的研究予以适当放宽,但同时规定胚胎干细胞研究目的只能基于"服务于卓越的科研目的:在基础研究中获得科学知识或能够通过发展可用于人类的诊断、预防和治疗方法而增加医学知识",并且"试图通过相关研究项目获取的科学知识无法通过使用胚胎干细胞之外的细胞来获取"。其三,程序上的限制。立法应当明确胚胎克隆需要接受严格监管,任何克隆胚胎的制造、使用都由主管机关许可、批准和监督。对此可参考英国 1990 年《人类受精与胚胎法》的相关规定。

第四,明确监管机关及其职责。对克隆人技术的研究及运用应当予以有效规制,而明确监管机关是规制的重要前提。建议立法将卫生部、科技部、各地方的卫生行政机关和科技厅、科技局规定为克隆人技术的主管机关,并明确规定其职责。比如,在人工辅助生殖领域,可规定由卫生部及地方卫生行政机关主管,明确规定,医疗机构的实施技术人员违反本法要求进行生殖性克隆,卫生行政主管机关拒绝批准其开展人类辅助生殖技术的申请;如果已经批准,有权予以撤销。此外,立法应当明确卫生部指定的卫生技术评估机构对医疗机构人员的监管职权。对于其他涉及人胚胎干细胞的研究,立法可以规定由科技部及地方的科技行政主管机关,建立严格的监管程序,对研究人员的主体资格、操作标准等予以明确规定。同时,立法应明确伦理委员会、医疗机构和胚胎干细胞研究单位的监管职责。立法应明确规定,从事人工辅助的医疗部门及人胚胎干细胞研究单位应当设立相应的伦理委员会对本机构或所属机构涉及人的生物医学研究和相关技术应用项目提供咨询,进行伦理审查和监督。伦理委员会发现有科技人员从事生殖性克隆应当及时报告所在单位,并提请卫生或科技行政主管机关处理。医疗机构和胚胎干细胞研究单位对于本单位的科研人员应当加强伦理教育,对违反法律规定从事生殖性克隆的人员予以相应处分,同时依法提请有关机关处理。

第五,明确相关法律责任。立法应明确研究机构及研究人员违法从事生殖性克隆的法律责任。应当区分从事人工辅助的医疗部门和人胚胎干细胞研究单位及其研究人员的法律责任。对于从事人工辅助的医疗部门及其人员,从事生殖性克隆的,所在的省、自治区、直辖市人民政府卫生行政部门应当收回医疗机构的批准证书,情节严重的,吊销其《医疗机构执业许可证》,并处 3 万元以下的罚款;对医疗部门的责任人给予行政处分。对于人胚胎干细胞研究单位及其研究人员从事生殖性克隆的,科技主管机关停止对人胚胎干细胞研究单位的政府资金支持,情节严重的,关闭该研究单位,并处3万元以下的罚款。

（二）将生殖性克隆入罪

当前我国对于克隆人技术采用的规制方式为行政法规制,这一规制模式难以实现禁止生殖性克隆的立法目的,对此有必要引入刑法规制。各国针对生殖性克隆的刑法规制主要体现在刑事立法、胚胎保护、人工辅助生殖技术、医学研究和克隆人技术等立法领域。①在我国,对于克隆人技术的刑法规制可考虑选择普通刑事立法和专门立法相结合的立法规制模式。可考虑制定《克隆技术管理法》明确哪些克隆人技术的研究行为构成犯罪,需要对其予以刑罚处罚。同时,在普通刑事立法领域明确生殖性克隆的刑罚处罚。

---

① 对此可参见本书第二章。

附表一

国际与区域克隆人技术立法状况

制定时间	制定主体	立法文件	相关内容
1997年1月12日	欧洲19个国家	《禁止克隆人的附属议定书》	禁止任何试图创造一个与另一个人（不管是活着的或死去的）遗传上相同的人的做法。
1997年4月4日	欧洲理事会	《人权与生物学公约》	为科研目的而制造人类胚胎的行为应被禁止。
1997年11月11日	联合国教科文组织	《世界人类基因组与人权宣言》	与人类尊严相抵触的做法，比如人体的生殖克隆，不予允许。
1997年3月12日；1998年1月15日；2000年9月7日	欧洲议会	《克隆决议》《克隆人决议》	克隆人严重违反基本人权，抵触人类平等权利，因为这会合人种的优生与选择，以人为实验对象，损害人类尊严。人权与尊重人的尊严是生命是政治立法活动的限定目标，鉴于治疗性克隆目的与生殖性克隆目的并无区别，因此禁止任何阶段的胚胎生产与利用。
2000年12月7日	欧盟	《欧洲联盟基本权利宪章》	人类尊严不可侵犯，应当受到尊重和保护。人人享有身体上和精神上的身体完整权。禁止对人类复制性的无性繁殖。
2005年2月18日	联合国	《联合国关于人的克隆宣言》	各国考虑禁止违背人类尊严的各种形式的克隆人。

附表二

世界各国克隆人技术立法状况①

国家	生殖性克隆		治疗性克隆	
	相关法律	主要规定	相关法律	主要规定
阿根廷	1997年第200/97号总统令《关于禁止克隆人研究》	第1条 禁止涉及人类的克隆人实验。	1997年3月7日第200/97号总统令《关于禁止克隆人研究》	第1条 禁止涉及人类的克隆人实验。
澳大利亚	2002年《禁止生殖性克隆法案》（2006年修订）	第9节 任何人故意将克隆的人类胚胎植入人体或动物体内，构成犯罪。最高可判处15年有期徒刑。	2002年《禁止生殖性克隆法案》（2006年修订）	第22节 任何人从事如下行为如构成犯罪：（a）故意通过精卵结合或受精卵之外的方式产生人类胚胎或发展此类胚胎；（b）未经授权许可、生产和培养人类胚胎。违法者最高可处10年有期徒刑。

① 此表在20C8年国际伦理委员会克隆人报告的基础上整理而成，Report Of Ibc On Human Cloning And International Governance, at http://portal.unesco.org/shs/es/files/12828/12446291141IBC_Report_Human_Cloning_en.pdf/IBC＋Report＋Human＋Cloning_en.pdf(last visited March 20, 2015)。

(续表)

国家	生殖性克隆		治疗性克隆	
	相关法律	主要规定	相关法律	主要规定
奥地利	1992年《联邦生殖医药法》(2001年,2004年修订)	第9条 禁止生殖性克隆,禁止基于医疗辅助生殖之外的目的运用于人类胚胎。违反者受专行政或刑法处罚。	1992年《联邦生殖医药法》(2001年,2004年修订)	第9条 禁止生殖性克隆,禁止基于医疗辅助生殖之外的目的运用人类胚胎。违反者受专行政或刑法处罚。
比利时	2003年《试管胚胎研究法》	第6条 禁止克隆人。 第13条 任何人实施了违反第6条的行为可判处1至5年有期徒刑,可并处1000欧元至10000欧元罚金。	2003年《试管胚胎研究法》	第3条 遵循本法要求,试管胚胎的研究是被允许的,如果:(1)以提升生育、不孕不育,组织与器官移植,防御和治疗疾病方面知识为医疗目的;(2)在胚胎发育的14天内实施,冷冻期限除外;(3)对于达到相应的效果没有可替代的研究方法;(4)禁止以研究为目的的胚胎生产,除非该研究不能借助多条的胚胎进行。
巴西	2005年《生物安全法》	第6条 禁止克隆人。 第26条 从事克隆人可判处2年到5年有期徒刑,并处罚金。	2005年《生物安全法》	第6条 禁止从事涉及人类生殖细胞、受精卵或人类胚胎、克隆人的遗传工程。 注:巴西最高法院在2008年5月29日的一个决议中认为该法允许克隆性克隆研究。但是治疗性克隆人研究被排除在任外,因为该法禁止克隆人包括禁止生殖性克隆和治疗性克隆。

（续表）

国家	生殖性克隆		治疗性克隆	
	相关法律	主要规定	相关法律	主要规定
保加利亚			1973年《全民健康法》	第34条 基于公共健康研究的医疗目的,组织和器官可被使用。
加拿大	2004年《人工辅助生殖及相关研究法》	第5条 任何人不得故意:(a)运用任何技术生产克隆体或将克隆体转移到人体,非人类生命体或人工装置之中;(b)除生育人类,改进或指导人工辅助生殖过程,故意生产试管胚胎;(c)基于生产人类个体的目的,通过从胚胎、胎儿提取细胞将此类胚胎转移到人体内。第60条 任何人违反本法第5条至第7条或违反第9条构成犯罪并目:(1)依公诉程序定罪,可判处10年以下有期徒刑,或并处罚金50万美元罚金;(2)依简易程序定罪,可判处不超过25万美元罚金或4年以下有期徒刑,或并处罚金。	2004年《人工辅助生殖及相关研究法》	第5条 任何人不得故意:(a)运用任何技术生产克隆体或将克隆体转移到人体,非人类生命体或人工装置之中;(b)除生育人类,改进或指导人工辅助生殖过程,故意生产试管胚胎;(c)基于生产人类个体的目的,通过从胚胎、胎儿提取细胞将此类胚胎转移到人体内。第60条 任何人违反本法第5条至第7条或违反第9条构成犯罪并目:(1)依公诉程序定罪,可判处10年以下有期徒刑,或并处罚金50万美元罚金;(2)依简易程序定罪,可判处不超过25万美元罚金或4年以下有期徒刑,或并处罚金。

（续表）

国家	生殖性克隆		治疗性克隆	
	相关法律	主要规定	相关法律	主要规定
智利	2006年《关于人类与人类基因组的科学研究与禁止克隆人法》	第5条 禁止基于任何目的或通过任何方法从事生殖性克隆。第17条 任何从事克隆人的行为构成犯罪，可判处有期徒刑，并禁止其从事相关职业。	2006年《关于人类与人类基因组的科学研究与禁止克隆人法》	第6条 本法允许组织与器官的培养，但只限于医疗诊断与科研目的。禁止通过毁坏人类胚胎获取干细胞生产此类器官和组织。第17条 任何从事克隆人的行为构成犯罪，可判处有期徒刑，并禁止其从事相关职业。
中国	2003年《人胚胎干细胞研究伦理指导原则》；（香港特别行政区）2000年《克隆人技术条例》（2002年,2007年修订）	第4条 禁止进行生殖性克隆人的任何研究。第15条 禁止任何人用其他细胞的细胞核代替胚胎细胞的细胞核，或克隆胚胎。	2003年《人胚胎干细胞研究伦理指导原则》；（香港特别行政区）2000年《克隆人技术条例》（2002年,2007年修订）	第5条 用于研究的人类胚胎干细胞只能通过如下自愿协议方式获得：通过体细胞核移植技术获得的胚胎或孤雌生殖分裂胚胎。第15条 禁止任何人用其他细胞的细胞核，或克隆胚胎。
哥伦比亚	2000年《刑法典》	第133条 通过克隆或其他方式生产相同人类的任何人，可判处2至6年有期徒刑。		

（续表）

国家	生殖性克隆		治疗性克隆	
	相关法律	主要规定	相关法律	主要规定
哥斯达黎加	最高法院第 2000-02305 号判例	该判例致使 1995 年《试管授精和人类胚胎转移法》无效。根据该判例,任何非基于胚胎自身利益的外在危害干预都是被禁止的。据此,生殖性克隆被认为与胚胎操纵一样有罪。	最高法院第 2000-02306 号判例	通过该判决,哥斯达黎加最高法院认为胚胎从怀孕开始便是人,试管授精授权侵犯人的生命权,是违宪的。
捷克共和国	2005 年《人类胚胎干细胞研究法》	第 209b 条 任何人非基于移入妇女体内的目的通过干预导致人类胚胎的产生,可判处 3 年以下有期徒刑。	2006 年《人类胚胎干细胞研究法》	第 209b 条 任何人非基于移入妇女体内的目的通过干预导致人类胚胎的产生,可判处 3 年以下有期徒刑。
塞尔维亚	2006 年《塞尔维亚共和国宪法》	第 24 条 禁止克隆人。		
丹麦	1997 年《医疗、诊断与研究相关的医疗性辅助生育法》(2003 年、2006 年修订)	第 15 条 禁止以产生基因相同的人为目的的实验。	1997 年《医疗、诊断与研究相关的医疗性辅助生育法》(2003 年、2006 年修订)	以研究为目的而生产胚胎不被允许。
厄瓜多尔	1998 年《厄瓜多尔共和国宪法》	第 49 条 国家保障生命权始于怀孕。(注:宪法宣称生命权从怀孕开始受保护,包括生殖性克隆在内的任何威胁到胚胎生命的行为都被禁止。)	1998 年《厄瓜多尔共和国宪法》	第 49 条 国家保障生命权始于怀孕。(注:宪法保护生命,包括治疗性克隆在内的任何威胁胚胎生命的行为都被禁止。)

（续表）

国家	生殖性克隆		治疗性克隆	
	相关法律	主要规定	相关法律	主要规定
埃及	2003年《人口与卫生部长长决议》	第60条 禁止从事参与以克隆人为目的的医学研究。 （注：根据2005年《医疗理事会规章》第5章决议，违反《人口与卫生部长决议》第60条，医学专业委员会可将违法案件交刑事调查部门，也可对违法者处以行政处分，比如撤销专业许可证等。）		
萨尔瓦多	1983年《萨尔瓦多政治宪法》（2003年修订） 1998年《刑法典》	第1条 人类从怀孕开始即为人。 第140条 任何以产生人类为目的而对人类细胞进行克隆实验与操作的人，可判处3至6年有期徒刑。	1998年《刑法典》	第137条 对违法堕胎的任何人，可判处6个月至2年有期徒刑。 （注：宪法上的人始于怀孕，治疗性克隆会导致胚胎的死亡，可被视为故意堕胎）
爱沙尼亚	2001年《刑法典》	第130章 克隆人或产生人类混合物或人类嵌合体，可判处罚金或3年以下有期徒刑。	2001年《刑法典》	第131章 任何人在试管内生产胚胎或胎儿，若其目的并非将其移植到女体内或违反法律规定的授权机构，对其可判处罚金。

（续表）

国家	生殖性克隆		治疗性克隆	
	相关法律	主要规定	相关法律	主要规定
芬兰	1999年《医学研究法》(2004年修订)	第13条 用于研究的胚胎不得被转移到人体内。 第26条 任何以产生克隆人为目的而从事的研究,构成非法干预人类基因组,可判处罚金或2年以下有期徒刑。	1999年《医学研究法》(2004年修订)	第11条 国家医学事务主管机关授予适当许可的机构才可从事母体外的胚胎研究。对于胚胎的医学研究只限于胚胎形成后14天内。 第13条 禁止基于研究目的而生产胚胎。 第25条 任何人未获得第11条的许可或违反第11条、第13条的限制规定而从事胚胎研究,构成非法干预人类基因组,可被判处1年以下有期徒刑或罚金。
法国	《民法典》	第16条第4款 禁止产生一个与他人(活着的或去世的)基因相同的人。		
	《刑法典》	第214条第2款 生殖性克隆构成"反人类罪"。可处30年有期徒刑并处750万欧元罚金。		

（续表）

国家	生殖性克隆		治疗性克隆	
	相关法律	主要规定	相关法律	主要规定
格鲁吉亚	1997年《医疗保健法》	第142节 禁止运用基因工程进行克隆人。	1997年《医疗保健法》	第142节 禁止治疗性克隆。
德国	1990年《胚胎保护法》	第1条 人为导致人类胚胎发展成为其他的人胚胎、胎儿、人类个体或已故的人、可判处5年以下有期徒刑或罚金。 第6节第7条 禁止：（1）将胚胎与其他不同的基因物质进行结合以产生细胞团，其中至少运用了一个人类胚胎；（2）运用该胚胎细胞之外的细胞的基因信息以产生一个胚胎细胞，违反前者可判处5年以下有期徒刑或罚金。	1990年《胚胎保护法》2002年6月28日的干细胞法，2008年4月11日修订	第6节第7条 禁止：（1）将胚胎与其他不同的基因物质进行结合以产生细胞团，其中至少运用了一个人类胚胎；（2）运用该胚胎细胞之外的细胞的基因信息以产生一个胚胎细胞，造反者可判处5年以下有期徒刑或罚金。
希腊	2002年《医学辅助生殖法》	第1455条 禁止通过克隆方法进行人的生育。	2002年《医学辅助生殖法》	第1459条 诉诸人工辅助生殖的人共同决定剩余的生殖物质可否用于研究或治疗目的。

（续表）

国家	生殖性克隆		治疗性克隆	
	相关法律	主要规定	相关法律	主要规定
	《刑法典》(1978年修订)	第173条G款 任何人在实验研究或医疗过程中产生基因相同的人类个体,构成重罪,可判处5至10年有期徒刑。	《刑法典》(1978年修订)	第173条E款 任何人未获得或违背卫生保护法规定的许可,对胚胎或基因组进行医学实验,或以科学研究为目的而产生人类胚胎,构成重罪,可判处5年以下有期徒刑。
匈牙利	1997年《公共卫生法》	第162条 禁止以产生一个新的人类个体为目的的基因研究。第180条 禁止以产生新胚胎或改变怀孕产生的胚胎特性为目的而使用胚胎;禁止产生基因相同的人类。	1997年《公共卫生法》	第180条 禁止基于研究目的而生产胚胎;对于胚胎的研究只限于生育目的,并且要经过有权处置胚胎的人的授权或胚胎已经被破坏。第182条 禁止将胚胎细胞分离出来,除非这对于诊断待出生孩子的疾病是必要的。
冰岛	1996年《人工授精法》	第2条 禁止从事克隆人。第14条 违反本法可判处罚金或3个月以下有期徒刑。	1996年《人工授精法》	第11条 禁止对胚胎研究、实验或操作。如下胚胎研究除外:其为体外受精治疗的一部分,其目的为诊断该胚胎的遗传性疾病;其目的是提升对不育的治疗;其目的在于提升对先天性疾病或流产原因的了解。第12条 禁止:单独以研究为目的的培养或生产胚胎;在体外培养胚胎超过14天,或原条出现后培养胚胎;将胚胎转移到动物体内。

(续表)

国家	生殖性克隆		治疗性克隆	
	相关法律	主要规定	相关法律	主要规定
爱尔兰	1983年《宪法》	第403条 国家确认未出生者的生命权，对母亲的生命予以同等重视，在法律和实践中，尊重和维护这一权利。		
以色列	1998年《禁止基因干预法》	第1条 本法决定5年内，任何对人的基因干预都是禁止的。第3条 在法律实施时期内，任何人都不得基于克隆人的目的而从事干预人的细胞的活动。第6条 任何违反此规定的行为可判处有期徒刑。		
意大利	2004年《医学辅助生殖法》	第13条第3款 禁止基于生育或研究目的的进行克隆。第13条第4款 违反第13条第3款可判处2至6年有期徒刑，并处50 000欧元到150 000欧元的罚金。	2004年《医学辅助生殖法》	第13条 禁止对于人类胚胎的任何实验。对于人类胚胎的临床试验只能基于对胚胎的治疗或诊断目的。

（续表）

国家	生殖性克隆		治疗性克隆	
	相关法律	主要规定	相关法律	主要规定
日本	2000年《克隆人及其他相关技术规制法》	第3条 禁止任何人将人体细胞的克隆胚胎、人与动物的融合胚胎或人与动物的混合胚胎、植入人或动物的子宫内。 第16条 任何人违反第3条的规定可被判处10年以下有期徒刑、1千万日元罚金、或并罚。		
科索沃	2004年《卫生法》	第111条 禁止克隆人。		
拉脱维亚	2002年《性与生殖健康法》	第16条 禁止生殖性克隆。	2002年《性与生殖健康法》	第16条 禁止以研究与治疗目的而生产胚胎。
立陶宛	2000年《生物医学研究伦理法》	第3条 禁止克隆人。	2000年《生物医学研究伦理法》	第3条 人类胚胎只可被用于临床观察（非侵害性研究）。禁止涉及克隆胚胎的其他临床研究，禁止基于医学研究目的而生产胚胎。
墨西哥	墨西哥联邦地区刑法典	第154条 克隆人类或基于非法目的从事基因工程的任何人，可判处2至6年有期徒刑，同时不得担任公职。		

（续表）

国家	生殖性克隆		治疗性克隆	
	相关法律	主要规定	相关法律	主要规定
荷兰	2002年《胚胎法》	第24条 禁止以产生基因相同的人类个体为目的对配子或胚胎进行操纵。 第28条 任何人实施违反本法第24条规定的禁止条款，可判处1年以下有期徒刑或第四类罚金。	2002年《胚胎法》	第11条 禁止基于研究目的而生产胚胎。除非其可能会在不育症、人工辅助生殖技术、遗传或先天性疾病、移植医学领域产生新的认识。
新西兰	2004年《人工辅助生殖技术法》（2007年修订）	禁止如下行为： 以生育为目的，人工形成克隆胚胎；将克隆胚胎植入人人体；或将从胎儿获取的配子植入人体，或将从胎儿获取的一个或多个配子形成的胚胎植入人人体。 第8条 任何人实施附表1规定的行为，构成犯罪。违反本法构成犯罪的任何人，可被控告5年以下有期徒刑，20万美元以下罚金，或并罚。		

（续表）

国家	生殖性克隆		治疗性克隆	
	相关法律	主要规定	相关法律	主要规定
挪威	2003年《人类医学中运用生物技术法》(2007年修订)	第3条第5款 禁止通过克隆技术生产人类胚胎。 第7条第5款 任何违反本法的人可判处罚金或3个月以下有期徒刑。共犯也受此处罚。	2003年《人类医学中运用生物技术法》(2007年修订)	第3条第1款 只有基于如下目的才能利用从剩余的受精卵中获取人类的剩余卵子和细胞：为将来治疗人类的严重疾病而发展新的知识。
	2007年《刑法典》(2008年修订)	第45条 非基于生育目的使卵子受精的任何人，可判处6至10年有期徒刑。任何人通过克隆或其他方法进行基因操纵以产生基因相同的人，可加处上述最高刑的一半。		
巴拿马	2004年《关于禁止所有形式的克隆及其他规定》	第1条 禁止对克隆人的实验、研究和实施等以推动和资助，禁止对其运用公共或私人资金，禁止生产人类胚胎以根据DNA结构对人类进行生物克隆。 第3条 任何违反本法规定的人，将被判处100万巴拿马币的罚金。		

（续表）

国家	生殖性克隆		治疗性克隆	
	相关法律	主要规定	相关法律	主要规定
秘鲁	《儿童与青少年权利法》	第1条 从怀孕到12周岁被视为"儿童"。国家在各方面保护儿童使其享有权益。		
	1997年《大众卫生法》	第7条 禁止基于生育目的之外的目的使人的卵母受精。禁止克隆人。		
	2002年《刑法》	第324条 任何人运用基因操纵技术进行克隆人可判处6年至8年有期徒刑,并丧失职业资格。		
葡萄牙	2006年《关于医疗辅助生殖法》	第7条 禁止克隆人。因为其意图产生与他人基因相同的人。 第36条 1.将通过核移植产生的胚胎转移到子宫内的行为,除非这一技术被用于医疗辅助生殖,否则可判处1年至5年有期徒刑;2.将通过胚胎分裂产生的胚胎进行移植的,处同样刑罚。	2006年《关于医疗辅助生殖法》	第9条 1.禁止故意通过医疗辅助生殖产生胚胎以用于研究;2.如果基于医疗预防、诊断或胚胎治疗、提升胚胎干细胞库以用于移植或其他医疗目的,对于胚胎的研究是合法的。 第40条 任何违反本法的胚胎的研究,可判处1年至5年有期徒刑。

（续表）

国家	生殖性克隆		治疗性克隆	
	相关法律	主要规定	相关法律	主要规定
韩国	2005年《生物伦理与安全法》（2003年修订）	第11条　1.禁止任何人将体细胞克隆胚胎植入子宫或将克隆胚胎留在子宫或将体细胞克隆胚胎植入子宫导致怀孕后使其出生；2.禁止任何人采取或辅助第11条第1款所界定的行为。 第49条　1.任何人，违反第11条第1款而将体细胞克隆胚胎留在子宫，将克隆胚胎留在子宫或将体细胞克隆胚胎植入子宫导致怀孕后使其出生，可判处10年以下有期徒刑。	2005年《生物伦理与安全法》（2008年修订）	第17条　超过法定存储日期的剩余胚胎可被用于如下目的，但只限于生育过程中原条出现之前：1.以发展避孕和不孕症的治疗为目的的研究；2.根据总统法令，以治疗罕见的或难以治愈的疾病为目的的研究；3.经过委员会审查，总统批准的其他研究。但是基于此新目的而利用储存少于5年的剩余胚胎，需要征得授权人的同意。
俄罗斯	2002年《暂时禁止克隆人联邦法》	暂时禁止生殖性克隆（2007年到期）		
新加坡	2004年《禁止克隆人及其他行为的法律》	第5条　禁止任何人将克隆人的胚胎植入人体或动物体内。 第18条　任何人，违反本法第5条构成犯罪，可判处10万美元以下罚金或10年以下有期徒刑，或判刑。	2004年《禁止克隆人及其他行为的法律》	第7条　禁止任何人致使精卵受精之外的方式产生的胚胎发育超过14天；排除胚胎发育中止时期。

（续表）

国家	生殖性克隆		治疗性克隆	
	相关法律	主要规定	相关法律	主要规定
斯洛伐克	2004年《健康保护法》	第46条a款 禁止产生一个基因与他人（无论生死）相同的人。	2004年《健康保护法》	第26条 非基于医学目的，禁止从事活体胎儿与胚胎研究。
	1961年《刑法典》（2005年修订）	第246条a款 任何试图产生一个与他人（无论生死）基因相同的人，无论处于任何阶段，可判处3年至8年有期徒刑，罚金及禁止职业活动。		
斯洛文尼亚	2000年《生物医疗辅助生殖法》	第33条 禁止克隆人。	2000年《生物医疗辅助生殖法》	第38条 对以生物医学辅助受精为目的而产生的早期胚胎的科学研究，只能基于保护和改善人的健康为目的，此类研究运用动物胚胎或其他方法达不到类似效果时，才可被允许。
南非	2004年《国民卫生法》	禁止任何人：（a）操纵遗传物质，包括配子、受精卵和胚胎遗传物质；（b）从事核移植与胚胎分裂。任何人违反本规定，构成犯罪，可判处罚金或5年以下有期徒刑，或两者并罚。	2004年《国民卫生法》	第57条 部长根据相关规定的要求，允许使用成年人或脐带干细胞的进行治疗性克隆研究。禁止任何人未向部长提前向书面申请。进口或出口受精卵或胚胎。经过书面申请，部长允许从事未超过14天的干细胞和受精卵的研究：（a）申请人书面证明其从事研究是基于记载的目的；（b）获得受精卵和干细胞捐赠人的提前同意。

（续表）

国家	生殖性克隆		治疗性克隆	
	相关法律	主要规定	相关法律	主要规定
西班牙	2006年《人工辅助生殖技术法》	第26条 以生育为目的从事细胞核移植活动是严重违法行为。	2006年《人工辅助生殖技术法》	允许利用剩余胚胎从事治疗性克隆研究。
	2003年《刑法典》	第160条 对于非基于引导怀孕为目的而使得卵子受精的任何人，可判处1年至5年有期徒刑，并取消其6年至10年担任公职的资格。克隆产生相同的人或从事其他人种筛选活动，受相同处罚。	2003年《刑法典》	第33条 (1)禁止以实验为目的而产生早期胚胎或胚胎；(2)根据本法的相关条款，允许利用技术获取人类干细胞，包括激活移植后的卵母细胞，只要其并非以此目的而生产早期胚胎或胚胎。
瑞典	1991年《关于人类受精卵母细胞相关研究和治疗裁量法》(2005年修订)	禁止生殖性克隆。	1991年《关于人类受精卵母细胞相关研究和治疗裁量法》(2005年修订)	2005年4月1日修订后的法律，授权获得基于体外受精以外的目的对受精卵的研究，允许从事治疗性克隆研究。
瑞士	2003年《胚胎干细胞研究法》(2005年实施)	第3条 禁止产生克隆人、嵌合体或混合物。禁止将用于生产干细胞的多余胚胎植入妇女体内。	2003年《胚胎干细胞研究法》(2005年实施)	第12条 从事胚胎干细胞的研究项目需要：(a)该项目的是获取重要的知识以诊断、治疗或预防严重的人类疾病；(b)同样价值的知识无法通过其他方法获得；(c)该项目符合科学质量要求；(d)该项目在伦理方面可以被接受。

（续表）

国家	生殖性克隆		治疗性克隆	
	相关法律	主要规定	相关法律	主要规定
突尼斯	2001年《生殖医学相关法》	第8条 严厉禁止通过克隆技术方法从事生殖。违反者可判5年有期徒刑及10 000第纳尔（伊拉克等国的货币单位）的罚金。	2001年《生殖医学相关法》	第9条 禁止以学习、研究或实验为目的，通过体外受孕或其他方法产生胚胎。第11条 只允许为了辅助夫妇生育，以治疗为目的而冷冻配子或胚胎；配子最多可储存5年，期满后，这些配子应销毁，胚胎冷冻应被中断。第13条 只能在生殖医学的框架内，才可通过试管或其他方法产生人类胚胎。
乌克兰	2004年《禁止以生育为目的的克隆人法》	第1条 禁止以生育为目的的克隆人。		
英国	1990年《人类受精与胚胎法》（2008年修订）	第3条第2款 禁止任何人将下列胚胎植入女性体内：(a)被允许的胚胎之外的胚胎；(b)被允许的卵子或精子之外的配子。第41条 违反第3条第2款构成犯罪，可被控告10年以下有期徒刑或罚金或并罚。	1990年《人类受精与胚胎法》（2008年修订）	根据《人类受精与胚胎法》附录2的"研究许可证"第3部分的规定，管理局只有认为胚胎研究是基于如下必要，可取得对不孕的才会授予许可：其一，推进对不孕的治疗；其二，增加流产和先天疾病产生原因的知识；其三，增进对产生原因的治疗方法；其四，发展更有效的避孕方法；其五，发展检测着床前胚胎中基因或染色体异常的方法；其六，条例规定的其他目的。并且，要求授权许可的研究项目能增加关于严重疾病与发展的知识，或能推进此类知识的运用与发展项目能增加关于严重疾病的研究；除非管理局确信对于胚胎的计划使用，对于研究目标来说是必要的，否则不予许可。

参 考 文 献

一、中文类

(一) 中文著作

1. [德]库尔特·拜尔茨:《基因伦理学》,马怀琪译,华夏出版社 2000 年版。

2. 徐惟诚主编:《大不列颠百科全书(国际中文版)(第 4 卷)》,中国大百科全书出版社 2002 年版。

3. 郭自力:《生物医学的法律和伦理问题》,北京大学出版社 2002 年版。

4. 张乃根、[法]米雷埃·德尔玛斯-玛尔蒂主编:《克隆人:法律与社会》,复旦大学出版社 2002 年版。

5. [德]卡尔·拉伦次:《法学方法论》,陈爱娥译,商务印书馆 2003 年版。

6. [法]亨利·阿特朗等:《人类克隆》,依达、王慧译,社会科学文献出版社 2003 年版。

7. 「德]考夫曼:《法律哲学》,刘幸义等译,法律出版社 2004 年版。

8. [德]伊曼努尔·康德:《道德形而上学原理》,苗力田译,上海人民出版社 2005 年版。

9. [日]芦部信喜:《宪法(第三版)》,林来梵等译,北京大学出版社 2006 年版。

10. 叶俊荣等:《天平上的基因——民为贵、Gene 为轻》,台湾元照出版有限公司 2006 年版。

11. 陈英淙:《生命权与生命保护》,台湾"中央警察大学"出版社 2006 年版。

12. 黄丁全:《医疗法律与生命伦理(第二版)》,法律出版社 2007 年版。

13. 〔德〕康拉德·黑塞:《联邦德国宪法纲要》,李辉译,商务印书馆 2007 年版。

14. 张翔:《基本权利的规范建构》,高等教育出版社 2008 年版。

15. 〔英〕穆勒:《功利主义》,徐大建译,上海人民出版社 2008 年版。

16. 上官丕亮:《宪法与生命——生命权的宪法保障研究》,法律出版社 2010 年版。

17. 韩大元主编:《中国宪法事例研究(第五卷)》,法律出版社 2010 年版。

18. 王贵松主编:《宪政与行政法治评论(第五卷)》,中国人民大学出版社 2011 年版。

19. 张翔主编:《德国宪法案例选释》,法律出版社 2012 年版。

20. 张翔:《宪法释义学:原理·技术·实践》,法律出版社 2013 年版。

21. 〔美〕阿兰·艾德斯、克里斯托弗·N.梅:《美国宪法个人权利案例与解析》,项焱译,商务印书馆 2014 年版。

(二) 中文论文

1. 韩大元:《论现代科学技术对宪法学的影响》,载《科技与法律》1996 年第 1 期。

2. 吴万得:《论德国法律保留原则的要义》,载《政法论坛(中国政法大学学报)》2000 年第 4 期。

3. 戚渊:《立法权概论》,载《政法论坛》2000 年第 6 期。

4. 李震山:《"复制人"科技发展对既有法律思维与制度之冲击——以基本权利保障为例》,载《月旦法学杂志》2001 年第 79 期。

5. 杜承铭:《论表达自由》,载《中国法学》2001 年第 3 期。

6. 晓云:《德国在人类胚胎干细胞研究和伦理之间寻求平衡》,载《世界科技研究与发展》2001 年第 6 期。

7. 李震山:《胚胎基因工程之法律涵义——以生命权保障为例》,载《台大法学论丛》第 31 卷第 3 期。

8. 姚大志:《人类有权利克隆自己吗》,载《哲学研究》2003 年第 1 期。

9. 甘绍平:《克隆人:不可逾越的伦理禁区》,载《中国社会科学》2003 年第 4 期。

10. 胡锦光:《论公民启动违宪审查程序的原则》,载《法商研究》2003 年第 5 期。

11. 魏宏:《对禁止克隆人试验立法正当性的质疑》,载《南京师大学报(社会科学版)》2003 年第 5 期。

12. [德]K-A.施瓦茨:《以人类胚胎干细胞为例研究胚胎保护的法律问题》,印晓慧译,载《中德法学论坛》2004 年卷。

13. 韩大元、王贵松:《谈现代科技的发展与宪法学的关系》,载《法学论坛》2004 年第 1 期。

14. 韩大元:《中国宪法学应当关注生命权问题的研究》,载《深圳大学学报(人文社会科学版)》2004 年第 1 期。

15. 韩大元:《论合宪性推定原则》,载《山西大学学报》2004 年第 3 期。

16. 陆树桯:《克隆技术的发展与现代生命伦理——兼与姚大志先生商榷》,载《哲学研究》2004 年第 4 期。

17. 邱仁宗:《评〈人胚胎干细胞研究伦理指导原则〉》,载《医学与哲学》2004 年第 4 期。

18. 杨怀中:《人类需要治疗性克隆》,载《自然辩证法研究》2004 年第 10 期。

19. 韩大元:《论生命权的宪法价值》,载张庆福主编:《宪政论丛(第 4 卷)》,法律出版社 2004 年版。

20. 秦前红:《论我国宪法关于公民基本权利的限制规定》,载《河南省政法管理干部学院学报》2005年第2期。

21. 邱仁宗:《人的克隆:支持和反对的论证》,载《华中科技大学学报(社会科学版)》2005年第3期。

22. 陈斯彬:《克隆技术的宪政视角》,载《华侨大学学报(哲学社会科学版)》2006年第1期。

23. 张荣昌等:《哺乳动物的克隆技术——哺乳动物克隆的原理、方法、影响因素及存在的问题》,载《中国畜牧兽医》2006年第10期。

24. 王贵松:《价值体系中的堕胎规制——生命权与自我决定权、国家利益的宪法考量》,载《法制与社会发展》2007年第1期。

25. 上官丕亮:《生命权宪法保障的理论基础研究》,载《环球法律评论》2007年第6期。

26. 胡玉鸿:《"人的尊严"的法理疏释》,载《法学评论》2007年第6期。

27. 张翔:《基本权利限制问题的思考框架》,载《法学家》2008年第1期。

28. 欧爱民:《法律明确性原则宪法适用的技术方案》,载《法制与社会发展》2008年第1期。

29. 陈文珊:《论胚胎是否具有生命权》,载《应用伦理研究通讯》2008年第45期。

30. 韩大元:《论克隆人技术的宪法界限》,载《学习与探索》2008年第2期。

31. 林来梵:《人的尊严与人格尊严——兼论中国宪法第38条的解释方案》,载《浙江社会科学》2008年第3期。

32. 张翔:《两种宪法案件:从合宪性解释看宪法对司法的可能影响》,载《中国法学》2008年第3期。

33. 张宇飞:《人性尊严的宪法解释方法及其问题——以克隆人宪法争议为例》,载《法学论坛》2009年第4期。

34. 焦洪昌:《论作为基本权利的健康权》,载《中国政法大学学报》

2010 年第 1 期。

　　35. 马平：《尊严与自由：宪法的价值灵魂——评艾伯乐的〈尊严与自由〉》，载《环球法律评论》2010 年第 1 期。

　　36. 刘长秋：《刑法学视域下的克隆人及其立法》，载《现代法学》2010 年第 4 期。

　　37. 谢立斌：《中德比较宪法视野下的人格尊严——兼与林来梵教授商榷》，载《政法论坛》2010 年第 4 期。

　　38. 宋伟等：《论克隆技术对我国现行法律制度的影响》，载《科技与法律》2010 年第 5 期。

　　39. 李忠夏：《国家安全与人性尊严：伦理问题的法教义学解决路径——评联邦宪法法院"航空安全法"判决》，载王贵松主编：《宪政与行政法治评论（第五卷）》，中国人民大学出版社 2011 年版。

　　40. 孟凡壮：《立法禁止克隆人的合宪性之争》，载《云南大学学报（法学版）》2011 年第 5 期。

　　41. 张翔：《基本权利的体系思维》，载《清华法学》2012 年第 4 期。

　　42. 韩大元：《认真对待中国宪法文本》，载《清华法学》2012 年第 6 期。

　　43. 王旭：《作为公共理性之展开的宪法实施》，载《环球法律评论》2012 年第 6 期。

　　44. 李忠夏：《作为社会整合的宪法解释——以宪法变迁为切入点》，载《法制与社会发展》2013 年第 2 期。

　　45. 上官丕亮、孟凡壮：《克隆人立法的宪法规制》，载《北方法学》2013 年第 3 期。

　　46. 韩大元：《论宪法权威》，载《法学》2013 年第 5 期。

　　47. 孟凡壮：《立法禁止克隆人的宪法争议——以中、美两国为中心的比较考察》，载《人权研究》2014 年辑。

　　48. 张善斌、李雅男：《人类胚胎的法律地位及胚胎立法的制度构建》，载《科技与法律》2014 年第 2 期。

　　49. 刘权：《目的正当性与比例原则的重构》，载《中国法学》2014 年第 4 期。

50. 韩大元:《死刑立法的宪法界限》,载《国家检察官学院学报》2014 年第 5 期。

51. 门中敬:《比例原则的宪法地位与规范依据——以宪法意义上的宽容理念为分析视角》,载《法学论坛》2014 年第 5 期。

52. 王旭:《宪法凝聚共识》,载《求是》杂志 2014 年第 24 期。

53. 周琪等:《面向未来的新一轮医疗技术革命——干细胞与再生医学研究战略性先导科技专项进展》,载《中国科学院院刊》2015 年第 2 期。

54. 王旭:《宪法上的尊严理论及其体系化》,载《法学研究》2016 年第 1 期。

二、报纸与网络类

1. 甘绍平:《治疗性克隆中的伦理问题》,载《学习时报》2001 年 10 月 1 日。

2. 朴抱一:《中国也在克隆人?》,载《南方周末》2002 年 6 月 7 日。

3. 宋丽云:《一邪教组织正式宣布首个克隆婴儿已经诞生》,载 http://www.people.com.cn/GB/kejiao/42/152/20021227/897427.html。

4. 周清春:《反克隆宣言,中国为什么说不》,载《科技日报》2005 年 2 月 23 日。

5. 吕映辉:《何祚麻:克隆人可以先克隆我》,载 http://www.syd.com.cn/syjb/2003-04/25/content_461307.htm,访问日期:2012 年 5 月 2 日。

6. 韩大元:《培育领导干部的宪法思维》,载《检察日报》2015 年 12 月 5 日。

三、英文类

(一) 英文著作

1. John A.Robertson, *Children of Choice: Freedom and the New*

Reproductive Technologies，Princeton University Press，1994.

2. Gina Kolata，*Clone*：*The Road to Dolly*，*and the Path Ahead*，Harper Collins Publishers，1998.

3. Barbara MacKinnon，*Human Cloning*：*Science*，*ethics*，*and public policy*，university of Illinois press，2000.

4. Silja Vöneky &. Rüdiger Wolfrum，*Human Dignity and Human Cloning*，Martinus Nijhoff Publishers，2004.

5. Judith Daar，*Reproductive Technologies and the law*（*second edition*），Matthew Bender，2012.

6. Aharon Barak，*Human Dignity*：*The Constitutional Value and the Constitutional Right*，Cambridge University Press，2015.

（二）英文论文

1. Francis C. Pizzulli，Note，Asexual Reproduction and Genetic Engineering：A Constitutional Assessment of the Technology of Cloning，47 S.CAL. L.REV. 476，1974.

2. Karst，Foreword：Equal Citizenship under the Fourteenth Amendment，91 Har. L.Rev.1，32，1977.

3. John A. Robertson，The Scientist's Right to Research：A Constitutional Analysis 51 S.Cal. L.Rev，1978.

4. Bruce C. Hafen，The Constitutional Status of Marriage，Kinship，and Sexual Privacy-Balancing the Individual and Social Interests，81 Mich. L.Rev. 463，1983.

5. Leon Jaroff，The Gene Hunt，TIME，Mar. 20，1989.

6. John A. Robertson，In the Beginning：The Legal Status of Early Embryos，Va. L. Rev 437，1990.

7. Jean Macchiaroli Eggen，The "Orwellian Nightmare" Reconsidered：A Proposed Regulatory Framework for the Advanced Reproductive Technologies，25 Ga. L.Rev. 625，1991.

8. Philip Elmer-Dewitt，Cloning：Where Do We Draw the Line?

TIME，1993.

9. Canada，Royal Commission on New Reproductive Technologies，Proceed with Care: Final Report of the Royal Commission on New Reproductive Technologies，Vol.2，Ottawa: Communications Group，1993.

10. Charles C.Mann，Behavioral Genetics in Transition，264 SCIENCE 1686，1994.

11. Robert Blank & Janna C. Merrick，Human Reproduction，Emerging Technologies，and Conflicting Rights 225，1995.

12. June Coleman，Comment，Playing God or Playing Scientist: A Constitutional Analysis of Laws Banning Embryological Procedures，27 PAC. L.J. 133，1996.

13. George B.Johnson，Editorial，What Rights Should a Cloned Human Have? ST. Louis POST-DISPATCH，Mar. 20，1997.

14. Cloning Human Beings: Report and Recommendations of the National Bioethics Advsiory Commission，1997.

15. Alun M. Anderson，Facing Science Fact-Not Fiction，Wash. Post，Mar.12，1997.

16. Max Bader，Editorial，Threats from Cloning Shouldn't Be Overstated，PORTLAND OREGONIAN，Mar. 9，1997.

17. Nancy L. Segal，Behavioral Aspects of Intergenerational Human Cloning: What Twins Tell Us，38 Jurimetrics J.57，1997.

18. Kenneth L.Woodward，Today the Sheep. Newsweek，Mar. 10，1997.

19. Gerald E. McClearn et al.，Substantial Genetic Influence on Cognitive Abilities in Twins 80 or More Years Old，276 Science 1560，1997.

20. Ronald Bailey，The Twin Paradox: What Exactly Is Wrong with Cloning People? Reason，May 1997.

21. Dena S.Davis，Genetic Dilemmas and the Child's Right to an

Open Future, 28 RUTGERS L.J. 549, 1997.

22. I. Wilmut, A. E. Schnieke, J. McWhir, A. J. Kind & K. H. S. Campbell, Viable Offspring Derived from Fetal and Adult Mammalian Cells, 385 NATURE 810, 1997.

23. George J. Annas, Human Cloning: Should The United States Legislate Against It? Yes: Individual Dignity Demands Nothing Less, ABA J. 1997.

24. Terence Monmaney, Prospect of Human Cloning Gives Birth to Volatile Issues, L.A. TIMES, Mar. 2, 1997.

25. Melissa K. Cantrell, International Response to Dolly: Will Scientific Freedom Get Sheared? 13 J.L. & Health 69, 1998.

26. Note, Human Cloning and Substantive Due Process, Harvard Law Review, June, 1998.

27. Lori B. Andrews, Is there a right to clone? Constitutional challenges to bans on human cloning, Harvard Journal of Law & Technology Reviewm, 1998.

28. Lawrence Wu, Family Planning Through Human Cloning: Is There A Fundamental Right? 98 Colum. L.Rev. 1461, 1998.

29. David Orentlicher, Cloning and the Preservation of Family Integrity, 59 LA. L.REV. 1019, 1999.

30. Leon R. Kass, Triumph or tragedy? The moral meaning of genetic technology, American Journal of Jurisprudence, 2000.

31. R. George Wright, Second thoughts: How human cloning can promote human dignity, 35 Val.U. L.Rev.1, 2000.

32. Adam Greene, The world after dolly: International regulation of human cloning, George Washington International Law Review, 2001.

33. Diane S. Krause et al., Multi-organ, multi-lineage engraftment by a single bone marrow-derived stem cell, 2001.

34. Donrich W. Jordaan, Human Reproductive Cloning: A Policy

Framework for South Africa, South African Law Journal, Vol. 119, Issue 2, 2002.

35. Elizabeth Price Foley, Human Cloning and the Right to Reproduce, 65 Alb. L.Rev. 625, 2002.

36. Paul Lesko, Kevin Buckley, Attack of the Clones … and the Issues of Clones, Columbia Science and Technology Law Review, 2002.

37. Aurora Plomer, Beyond The Hfe Act 1990: The Regulation of Stem Cell Research in The Uk, Mesical Law Review(Med.L.Rev), 10, Summer 2002.

38. Maureen McBrien, Human Cloning: Beyond the Realm of the Constitutional Right to Procreative Liberty, 21 Buff. Pub. Int. L. J. 107, 2002—2003.

39. Case comment, cloning(cell nuclear replacement): The scope of the Human Fertilisation and Embryology Act 1990, Medical Law Review 135, 2003.

40. Shawn E.Peterson, A comprehensive national policy to stop human cloning: an analysis of the human cloning prohibition act of 2001 with recommendations for federal and state legislatures, Notre Dame Journal of Law, Ethics & Public Policy, 2003(17).

41. Billingsley & Caulfield, The Regulation of Science and the Charter of Rights: Would a Ban on Non-Reproductive Human Cloning Unjustifiably Violate Freedom of Expression? 29 Queen's L.J., 2004.

42. Meredith Lewis, Book Note: Age of human cloning and the constitutional crisis that may result, Journal of Law and Family Studies, 2004, 6.

43. Li Li et al., Human Embryonic Stem Cells Possess Immune-Privileged Properties, 22 Stem Cells 448, 2004.

44. Vicki C.Jackson, Constitutional Dialogue and Human Dignity: States and Transnational Constitutional Discourse, 65 Montana Law

Review 15，2004.

45. Adrienne N.Calhoun Cash，Invasion of the clones：Animal clo-
ning and the potential implications on the future of human cloning and
cloning legislation in the united states，the united kingdom，and inter-
nationally，University of Detroit Mercy Law Review，Spring 2005.

46. Matthew Weed，Discourse on Embryo Science and Human Cloning
in the United States and Great Britain：1984—2002，33 J.L.Med. & Ethics
802，2005.

47. Michèle Hansen et al.，Assisted reproductive technologies and
the risk of birth defects—a systematic review，20 HUMAN REPROD.
328，2005.

48. Mikyung Kim，An Overview Of The Regulation And Patent-
ability Of Human Cloning And Embryonic Stem Cell Research In The
United States And Anti-Cloning Legislation In South Korea，21 Santa
Clara Computer & High Tech. L.J. 645，2005.

49. Jocelyn Downie，Jennifer Llewellyn，& Françoise Baylis，A
Constitutional Defence of the Federal Ban on Human Cloning for Re-
search Purposes，31 Queen's L.J. 353，2005.

50. Francoise Baylis & Jocelyn Downie，An Embryonic Debate，
Literary Review of Canada，2005.

51. C.McCrudden，Human Dignity and Judicial Interpretation of
Human Rights，19 European Journal of International Law.11，2008.

（三）判例

1. Meyer v.Nebraska，262 U.S.390(1923).

2. Skinner v.Oklahoma，316 U.S.535(1942).

3. Prince v.Massachusetts，321 U.S. 158(1944).

4. Griswold v.Connecticut，381 U.S. 484(1965).

5. Eisenstadt v.Baird，405 U.S. 438(1972).

6. Roe v.Wade，410 U.S. 113(1973).

7. Curlender v. Bio-Science Laboratories，165 Cal. Rptr. 477（Ct. App.1980）.

8. Royal College of Nursing of the United Kingdom v. Department of Health and Social Security AC 800（1981）.

9. Hunter v. Southam，2 S.C.R. 145（1984）.

10. R. v. Oakes，1 S.C.R. 103（1986）.

11. Borowski v. A.G.（Can.），39 D.L.R.（4th）731（1987）.

12. York v. Jones，717 F. Supp. 421（E.D.Va. 1989）.

13. Irwin Toy v. Quebec，1 S.C.R. 927（1989）.

14. Edmonton Journal v. Alberta（A.G.），2 S.C.R. 1326（1989）.

15. R. v. Keegstra，3 S.C.R. 697（1990）.

16. Planned Parenthood v. Casey，505 U.S.833（1992）.

17. Davis v. Davis，842 S.W.2d 588（1992）.

18. RJR-MacDonald Inc. v. Canada（Attorney General），3 S.C.R. 199（1995）.

19. Washington v. Glucksberg，521 U.S. 702（1997）.

20. R. v. Sharpe，1 S.C.R.45（2001）.

21. R（On the Application of Quintavalle）v. Secretary of State for Heallth，EWHC Admin 918（2001）.

22. R（Quintavalle）v. Secretary of State for Health，QB 628（2002）.

23. Judgments-Regina v. Secretary of State for Health（Respondent）ex parte Quintavalle（on behalf of Prof-Life Alliance）（Appellant），UKHL 13 （2003）.

后　记

　　2009年至今，我研习宪法已近十年。资质平平的我，能走到今天，出一本自己的学术专著，得益于许多人的扶持和帮助。

　　感谢恩师韩大元教授。韩老师是我博士研究生导师。从硕士论文选题开始，韩老师就鼓励我以克隆人技术与宪法的关系为视角分析科研自由的宪法界限。我的博士论文是在硕士论文基础上的拓展研究。我曾一度怀疑选择这样一个如此前沿和冷门的选题是否有学术前景。韩老师的鼓励和支持坚定了我的信心。追随韩老师研习宪法的四年让我受益匪浅。韩老师注重宪法学研究的历史分析，强调宪法文本，重视宪法解释，关注宪法学本土化理论的建构，这一学术风格对我产生了潜移默化的影响。韩老师待人宽厚，帮助学生不遗余力。为了让我能安心学习，韩老师第一次委托师母帮我爱人王芳找工作；为了让我毕业能找到一份教职，韩老师第一次带我在《中国社会科学》上发表论文；为了让我能顺利通过博士论文答辩，韩老师第一次通过邮件组织韩门弟子讨论我的博士论文。韩老师慈父般的关怀和支持让我受宠若惊。老师如此厚爱，我却未能在学术上有所建树，真是惭愧万分。感谢师母方今顺女士。师母是个和蔼可亲的人，在工作和生活上特别照顾我和王芳。我们刚到北京不久，师母就通过各种关系为王芳找到合适的工作，并为她适应工作给予鼓励和指导。每次见到师母，她总是微笑着问起我跟王芳的近况，这样嘘寒问暖的日子让我们在北京感受到家一般的温暖。

感谢恩师上官丕亮教授。上官老师是我的硕导,也是我学术的启蒙老师和引路人。记得 2009 年,我在考研复试的笔试中出现了很大的失误,特别焦虑,就给上官老师打电话询问录取情况。上官老师在知道录取结果后的第一时间就发短信告知我已被录取的好消息,那一天我激动得泪流满面。历经两年考研的煎熬,我备加珍惜研究生学习的机会,努力追随上官老师研究生命权领域的相关问题,并最终以"立法禁止克隆人的合宪性分析"为选题完成硕士毕业论文。我硕士研究生三年,上官老师的良苦培养让我不断进步,为我能够考入中国人民大学法学院继续深造提供了极大的助力。上官老师为人朴实善良,待人热情真诚。作为上官老师的学生,我不仅学到了知识,更学会了做人的道理。记得 2011 年的春节,我和王芳没能回家过年,上官老师和师母特意为我们做了满桌可口的饭菜,我们那时心里有的不仅是感激之情,也有一种回家的感觉。在我将要离开苏州赴中国人民大学求学的前夕,上官老师临别叮嘱我:"志存高远,不要被大都市的繁华所迷惑;多读书、读好书,要到外面的世界开阔视野;学习就是养成好习惯,注意培养各种良好的习惯。"上官老师的谆谆教导让我时刻警醒自己。

感谢恩师张志铭教授。2016 年 7 月,我博士毕业后经张老师大力举荐得以到华东师范大学法学院教书,是法学院的晨晖学者。张老师是我的指导老师,他治学严谨,在法律解释领域造诣颇深,时常提醒我们年轻老师做学问不可浮躁,要注重夯实理论基础,力争发表具有代表性的成果。在学术研究方向上,张老师一直鼓励我要在博士论文的基础上进一步拓展、深化科技与宪法关系的研究。这本专著也正是在张老师的鼓励、督促和指导下才得以修改完成。感谢张惠虹书记。当我毕业后以一个年轻父亲的身份直面大都市的生活,日思夜想的是如何能担负起家庭的责任。张书记的关心、照顾和支持,让我在家庭和学术上得以合理平衡。感谢王大泉司长。我在教育部借调期间,王司长给予我诸多指导,提供了很多学习机会,为我的理论研究拓展了新思路。

感谢硕博期间给我授课的老师们。感谢胡锦光老师、杨建顺老师、莫于川老师、李元起老师、张翔老师、王贵松老师、王旭老师、喻文光老师、丁晓东老师、杨海坤老师、周永坤老师、胡玉鸿老师、黄学贤老师、王克稳老师、章志远老师、方新军老师、陆永胜老师、庞凌老师、朱中一老师和陈仪老师。作为学生,有机会聆听各位老师精彩的授课,得到你们的指导,我受益良多。

感谢本书写作中给我鼓励和指导的老师们。感谢焦洪昌老师、林来梵老师、王人博老师、王磊老师、齐小力老师、任进老师、秦前红老师、马长山老师、吴泽勇老师、田雷老师、姜峰老师、钱叶六老师、侣化强老师、夏正林老师、杜强强老师、朱应平老师、宋华琳老师、郑磊老师、王建学老师、柳建龙老师、于文豪老师、赵真老师、程雪阳老师、黄明涛老师、郑海平老师、涂云新老师、杨小敏老师、陆宇峰老师、杨知文老师、翟刚学老师、唐玉国法官、潘月华主任、朱磊老师、黄春燕老师、黄欣老师、岑娥老师、陈俊老师、刘迎霜老师、纪海龙老师、凌维慈老师、吴彦老师、柏浪涛老师、张伟老师、刘磊老师、李蕊佚老师、刘启川老师、田成刚老师、于林洋老师、沈子华老师、李样举老师、柴华老师、周威老师和杨凡老师。感谢你们对本书写作的指导和帮助。感谢经常一起交流学术的同事,任海涛老师、樊传明老师、李建星老师、王军老师、沈灏老师、周万里老师和李颖轶,从与你们的交流中我获益良多。

感谢曾一起为学术奋斗的兄弟姐妹们。感谢田伟、陈国飞、王理万、邓静秋、袁建刚、于浩、李广德、李帅、王美舒、孙如意、张腾龙、姜秉曦、曹炜、黄鑫、周永刚、彭波、肖迹、刘凤琪、陈亮、黄娟、安丽娜、张开俊、朱志杰、范自杰、余文斌、朱学峰、朱元华和付康康。与你们一起奋斗的快乐时光我会永远记得。

感谢我的父母和姐姐们。我从小生活在一个普通的农村家庭,父母靠几亩农田养活了我和我的四个姐姐。我是家里最小的,又是男孩,父母特别宠爱我,无论在生活上还是教育上,总竭尽全力为我提供一个农村家庭能给出的最好的条件。我的姐姐们为这个家庭牺牲很多,她们很早就辍学帮父母分担家务。我的三姐和四姐十几岁就到外地打工补贴家用,并因住地下室得了难以治愈的关节炎。每当想起这些,我总觉得很愧疚,不知道如何才能报答家里人这份厚重的恩情。

感谢我的爱人王芳和我的女儿暖暖。我与王芳从苏州相识相爱、相濡以沫,已经共同走过了九个年头。在我博士论文写作最艰难的几个月里,我备受颈椎病的折磨,王芳无微不至的照顾让我能够坚持下来,完成写作。2016 年 10 月 31 日,我可爱的女儿暖暖成为我们家庭的新成员。暖暖乖巧可爱,是我们的开心果,也给我们带来巨大的勇气和动力面对大都市的一切艰难。在未来的岁月里,我们一家人会怀着感恩的心,携手共进。

感谢上海人民出版社的冯静老师和其他编辑、校对老师。本书得以出版,也离不开他们的辛劳。

孟凡壮

图书在版编目(CIP)数据

克隆人技术立法的宪法界限/孟凡壮著.—上海：
上海人民出版社，2018
ISBN 978-7-208-15556-5

Ⅰ.①克…　Ⅱ.①孟…　Ⅲ.①人类-无性系-遗传工
程-立法-研究　Ⅳ.①D912.174

中国版本图书馆 CIP 数据核字(2018)第 268074 号

责任编辑　冯　静
封面设计　一本好书

克隆人技术立法的宪法界限
孟凡壮　著

出　　版　上海人民出版社
　　　　　（200001　上海福建中路193号）
发　　行　上海人民出版社发行中心
印　　刷　江阴金马印刷有限公司
开　　本　635×965　1/16
印　　张　13.75
插　　页　2
字　　数　182,000
版　　次　2018年12月第1版
印　　次　2018年12月第1次印刷
ISBN 978-7-208-15556-5/D·3317
定　　价　55.00元